e aval-
iação de
serviços,
programas
e projetos
sociais

EDITORA intersaberes

SÉRIE FORMAÇÃO PROFISSIONAL EM SERVIÇO SOCIAL

DIALÓGICA

O selo DIALÓGICA da Editora InterSaberes faz referência às publicações que privilegiam uma linguagem na qual o autor dialoga com o leitor por meio de recursos textuais e visuais, o que torna o conteúdo muito mais dinâmico. São livros que criam um ambiente de interação com o leitor – seu universo cultural, social e de elaboração de conhecimentos –, possibilitando um real processo de interlocução para que a comunicação se efetive.

Assessoria, consultoria e avaliação de serviços, programas e projetos sociais

Anne Voss

EDITORA intersaberes

Conselho editorial
Dr. Ivo José Both (presidente)
Drª Elena Godoy
Dr. Neri dos Santos
Dr. Ulf Gregor Baranow

Editora-chefe
Lindsay Azambuja

Supervisora editorial
Ariadne Nunes Wenger

Analista editorial
Ariel Martins

Preparação de originais
Monique Francis Fagundes Gonçalves

Edição de texto
Fábia Mariela De Biasi

Projeto gráfico
Laís Galvão

Capa
Laís Galvão (*design*)
Lisa F. Young/Shutterstock (imagem)

Diagramação
Andreia Rasmussen

Equipe de *design*
Iná Trigo

Iconografia
Sandra Lopis da Silveira
Regina Claudia Cruz Prestes

Dados Internacionais de Catalogação na Publicação (CIP)
(Câmara Brasileira do Livro, SP, Brasil)

Voss, Anne
　Assessoria, consultoria e avaliação de serviços, programas e projetos sociais/Anne Voss. Curitiba: InterSaberes, 2019.
　(Série Formação Profissional em Serviço Social)

　Bibliografia.
　ISBN 978-85-227-0110-0

　1. Assistentes sociais – Prática profissional 2. Assistentes sociais – Treinamento em serviços 3. Projetos sociais 4. Serviço social 5. Serviço social como profissão I. Título. II. Série

19-27996　　　　　　　　　　　　　　　CDU-361.3023

Índices para catálogo sistemático:
1. Assistentes sociais: Prática profissional: Serviço social　361.3023

Cibele Maria Dias - Bibliotecária - CRB-8/9427

1ª edição, 2019.
Foi feito o depósito legal.

Informamos que é de inteira responsabilidade da autora a emissão de conceitos.

Nenhuma parte desta publicação poderá ser reproduzida por qualquer meio ou forma sem a prévia autorização da Editora InterSaberes.

A violação dos direitos autorais é crime estabelecido na Lei n. 9.610/1998 e punido pelo art. 184 do Código Penal.

Rua Clara Vendramin, 58 ▪ Mossunguê ▪ CEP 81200-170 ▪ Curitiba ▪ PR ▪ Brasil
Fone: (41) 2106-4170 ▪ www.intersaberes.com ▪ editora@editoraintersaberes.com.br

Sumário

Apresentação | 7
Como aproveitar ao máximo este livro | 10

1. **Assessoria e consultoria de programas e projetos sociais | 15**
   1.1 Assessoria e consultoria | 17
   1.2 Estratégias de atuação em projetos de assessoria e de consultoria | 28

2. **Histórico e conceitos da avaliação de políticas públicas | 43**
   2.1 Histórico | 45
   2.2 Ciclo de políticas e processo avaliativo | 51
   2.3 Processo avaliativo: conceitos recentes | 61

3. **Indicadores | 73**
   3.1 Conceito | 75
   3.2 Propriedades dos indicadores | 77
   3.3 Diversos tipos de classificação | 80
   3.4 Uso dos indicadores | 86
   3.5 Principais indicadores sociais | 91

4. **Monitoramento | 109**
   4.1 Monitoramento e o ciclo de políticas | 111
   4.2 Classificação das avaliações | 113
   4.3 Métodos e técnicas para monitoramento | 119
   4.4 Monitoramento no Brasil | 129

5. Avaliação: tipos e métodos | 145
- 5.1 Conceitos de avaliação | 147
- 5.2 Classificações gerais de avaliação | 149
- 5.3 Métodos de avaliação | 159

6. Elaboração do processo avaliativo | 179
- 6.1 Aspectos preliminares | 181
- 6.2 Plano da pesquisa avaliativa | 184
- 6.3 Execução da pesquisa avaliativa | 199
- 6.4 Relatório final | 202
- 6.5 Utilização e disseminação dos dados | 204

Para concluir... | 211
Referências | 215
Respostas | 227
Sobre a autora | 237

Apresentação

As condições de vida da população estão permeadas por questões referentes a violência, relacionamentos tensos entre vulnerabilidade e potencialidades na coletividade, instabilidades econômicas e outras dificuldades estruturais ou conjunturais. Essa complexidade social enfatiza a necessidade de alocação congruente de recursos para políticas, programas e projetos sociais. Simultaneamente, esse imperativo de aplicabilidade associa-se à gradativa institucionalidade da função de monitoramento e avaliação em políticas públicas.

Há um percurso em andamento, ainda inicial no Brasil, de conhecimento sobre como o processo avaliativo contribui para construir melhores políticas, programas e projetos. Esses e outros fatores têm colaborado para que a temática torne-se objeto de interesse nas áreas de pesquisa, a fim de compreender, planejar, formular, implementar e avaliar políticas, programas e projetos. Diante de tal contexto, nosso intuito, nesta obra, é discutir o processo de assessoria e de consultoria na atuação com políticas públicas, tendo como foco, principalmente, o processo avaliativo.

Procuramos dar uma visão ampla sobre a avaliação de políticas públicas em todas as etapas de construção destas. Adotamos como pressuposto que projetos e programas são elaborados com a intenção de intervir na realidade e de produzir transformações para o desenvolvimento social. Assim, saber se os programas de fato produzem as mudanças, de que forma e em que medida passa a ser fundamental para compreender a gestão pública dos problemas.

Partimos da perspectiva didática do ciclo de vida das políticas como recurso de análise, operacionalizando esse esquema visualizável de etapas do processo de construção da intervenção pública para entender onde se encaixam as modalidades de avaliação. Dividimos este livro em seis capítulos cujo objetivo é ampliar o conhecimento sobre os conceitos, reconhecendo e apontando métodos e técnicas para realizar a avaliação e o monitoramento de políticas e suas ramificações.

No Capítulo 1, apresentamos a trajetória conceitual a respeito dos termos *assessoria* e *consultoria* e, depois, as possibilidades de atuação e as características dos profissionais que realizam esse trabalho. Aprofundando o tema, vamos analisar os principais conceitos envolvidos e identificar as oportunidades de atuação do assessor ou consultor sob a perspectiva das políticas sociais.

Assim, considerando a avaliação como um dos possíveis campos, de atuação de assessoria, consultoria e orientação, no Capítulo 2, abordaremos o desenvolvimento dessa área intelectual e profissional. Destacaremos três pontos: histórico; ciclo de políticas relativo à modalidade avaliativa; e conceitos recentes sobre o processo avaliativo (avaliação, monitoramento e indicadores sociais), proporcionando um panorama temporal que indica imbricações com outras disciplinas e contextos históricos que podem ser aprofundados conforme o interesse na área.

Do terceiro ao quinto capítulo, desenvolveremos cada um dos conceitos envolvidos no processo avaliativo: indicadores, monitoramento e avaliação. No Capítulo 3, trataremos dos indicadores, com base no pressuposto que eles possibilitam medir e estabelecer comparativos para uma análise científica da realidade. Discutiremos a transformação dos dados em informação e em indicadores, firmando consensos conceituais e evidenciando suas propriedades e possíveis classificações, para, por fim, apresentar exemplos de indicadores sociais.

Nos Capítulos 4 e 5, analisaremos, com detalhes, as seguintes modalidades do processo avaliativo: monitoramento e avaliação. Considerando que utilizamos cada modalidade em fases diferentes do ciclo de políticas, apresentaremos seus conceitos e finalidades, bem como suas possíveis classificações e os diferentes métodos e técnicas para analisar os dados necessários para concluir avaliações.

Finalizando o livro, no Capítulo 6, abordaremos aspectos operacionais da execução das modalidades avaliativas, ou seja, a elaboração de um projeto de execução do processo avaliativo desde seu contato inicial, passando pelo planejamento e realização da pesquisa, enfatizando os aspectos relacionados ao trabalho de campo e à análise dos dados, até a confecção de relatório e a disseminação de conhecimento.

A sistematização desse percurso tem como objetivo proporcionar subsídios teóricos e técnicos para uma formação profissional que possibilite um olhar crítico sobre a temática, embasado em uma perspectiva pragmática e aplicada, bem como que estimule a procura pelo aprofundamento dos temas aqui tratados.

Boa leitura!

Como aproveitar ao máximo este livro

Este livro traz alguns recursos que visam enriquecer o seu aprendizado, facilitar a compreensão dos conteúdos e tornar a leitura mais dinâmica. São ferramentas projetadas de acordo com a natureza dos temas que vamos examinar. Veja a seguir como esses recursos se encontram distribuídos no decorrer desta obra.

Conteúdos do capítulo

Logo na abertura do capítulo, você fica conhecendo os conteúdos que nele serão abordados.

Após o estudo deste capítulo, você será capaz de:

Você também é informado a respeito das competências que irá desenvolver e dos conhecimentos que irá adquirir com o estudo do capítulo.

Perguntas & respostas

É possível afirmar que o mesmo indicador pode apresentar apenas uma dessas naturezas?

Não! Os indicadores estão relacionados diretamente ao que se pretende demonstrar em projetos, programas ou políticas. A classificação de um indicador depende de uma análise do contexto. Nem sempre se tem clareza de sua distinção – insumo, processo, produto, resultado e impacto, principalmente quando os programas são ou muito específicos, ou muito gerais. O indicador de impacto é mais abrangente e não pode ser confundido com indicadores de insumo, produto ou processo. Observe o seguinte exemplo: a taxa de atendimento por hora em uma unidade de saúde é tipicamente um indicador-processo, pois trata sobre a dinâmica do trabalho, porém, ele também pode ser utilizado para identificar se o objetivo de aumentar o número de atendimentos foi alcançando, sendo, portanto, um indicador-resultado. As classificações variam conforme a intenção de quem pretende usar os indicadores. Descrever e identificar os indicadores pelos seus diversos aspectos pode auxiliar a torná-los mais inteligíveis, discutindo seu alcance e legitimidade de maneira técnica.

3.4 Uso dos indicadores

Cada programa ou política pública demanda um sistema de indicadores específicos e sensíveis para cada uma de suas etapas (planejamento, implementação, execução). Assim, não é possível

---

Perguntas & respostas
Nesta seção, a autora responde a dúvidas frequentes relacionadas ao conteúdo do capítulo.

Questão para reflexão

Quais as divergências nas políticas, nos programas e nos projetos entre as fases de formulação e de sua implementação?

5. Avaliação

É o momento de analisar e mensurar se os resultados do que se pretendia estão sendo atingidos ou se é preciso realizar mudanças. O principal questionamento é quanto ao impacto, aos efeitos e às consequências inesperadas que as ações estão produzindo, se há algo para ser modificado, se os resultados estão de acordo com o que foi planejado, os custos das ações, entre outros (Duarte, 2013; Rua, 2014). A partir dos dados da avaliação poderá haver a modificação do programa, a sua suspensão com o fim desse ciclo ou o início de um novo (Frey, 2000).

O entendimento dessa modalidade denominada *avaliação* está relacionado a um momento específico das etapas do ciclo de uma política ou de um programa de investigação dos impactos e da eficiência, o qual acontece após a etapa de implementação do programa. O propósito está em avaliar os resultados e os efeitos do programa diante dos problemas sociais selecionados, proporcionando reflexão para analisar sua continuidade ou não (Jannuzzi, 2011; Simões, 2015).

As demais etapas do ciclo de políticas têm suas características próprias e contemplam diferentes modalidades avaliativas relacionadas ao monitoramento ou a pesquisas acadêmicas. Logo, o processo avaliativo acompanha cada uma das etapas do ciclo de políticas, possibilitando resultados relevantes e úteis ao final (Jannuzzi, 2016). Jannuzzi (2011) propõe que seja realizado um plano de avaliação que contemple cada etapa do ciclo de vida do programa, pois isso garantiria resultados mais relevantes ao fim do processo. Assim, desde o momento de identificação e reconhecimento dos problemas sociais e da definição da agenda, são realizadas avaliações de necessidade de programas e de custo;

Questões para reflexão
Nesta seção, a proposta é levá-lo a refletir criticamente sobre alguns assuntos e trocar ideias e experiências com seus pares.

Estudo de caso

Esta seção traz ao seu conhecimento situações que vão aproximar os conteúdos estudados de sua prática profissional.

Estudo de caso

O Estado do Paraná, em parceria com o Banco Mundial, desenvolveu o "Projeto Multissetorial de Desenvolvimento do Paraná", cujo objetivo era a promoção do acesso a oportunidades de desenvolvimento econômico e humano mais equitativas e ambientalmente sustentáveis.

Para organizar o acompanhamento das ações dos programas envolvidos, adotou-se uma sistemática de monitoramento a partir da metodologia do modelo lógico, em que foram estabelecidos diagramas com indicadores para cada um dos cinco setores envolvidos no projeto – desenvolvimento rural, meio ambiente, saúde, educação e gestão do setor público (Paraná, 2014). Para cada um dos setores foram desenhadas árvores de problema, além dos diagramas. Os indicadores foram categorizados de acordo com o fluxo do diagrama do modelo lógico (ver Figuras 4.3. e 4.4), sendo de produto, processo, de resultados intermediários, de resultados e impacto.

No setor de desenvolvimento rural, o objetivo relacionado ao projeto era "aumentar a participação dos agricultores familiares em atividades agrícolas mais rentáveis, apoiando a organização, o planejamento e práticas ambientais, sociais e econômicas sustentáveis" (Paraná, 2014, p. 16). Assim, estão envolvidos dois programas o Pró-Rural, com objetivo de fomentar a inserção socioprodutiva dos agricultores familiares beneficiários, e o Programa Gestão de Solos e Água em Microbacias, cujo objetivo é incrementar a gestão sustentável dos recursos naturais. É possível visualizar a construção do modelo lógico na Figura 4.5, a seguir.

O processo histórico de avaliação de políticas públicas é relativamente recente, e não pode ser compreendido como linear e universal. Cada momento apresentou novas demandas que contribuíram para que a discussão sobre o tema avançasse. Boschetti (2009) ressalta que as políticas sociais são de suma importância para a efetivação do Estado Democrático de Direito, e a avaliação de uma política social é um instrumento para compreender a realidade em sua totalidade e dinamicidade a fim de promover direitos.

Para saber mais

FARIA, C. A. P. A política da avaliação de políticas públicas. **Revista Brasileira de Ciências Sociais**, v. 20, n. 59, p. 97-109, 2005. Disponível em: <http://www.scielo.br/pdf/%0D/rbcsoc/v20n59/a07v2059.pdf>. Acesso em: 25 jun. 2019.

Você deve ter notado que há muitas nuances no entendimento histórico da avaliação de políticas. Carlos Aurélio Pimenta Faria discute os diferentes aspectos que influenciaram o processo de estabelecimento da avaliação de políticas públicas no Brasil. O artigo apresenta uma análise crítica ao histórico de avaliação, reconhecendo-o como processo dialético e multifacetado que envolve aspectos políticos, acadêmicos, de processos de decisão e implementação complexos. Vale a pena conferir.

2.2 Ciclo de políticas e processo avaliativo

O desenvolvimento histórico dos processos avaliativos de políticas públicas e seus programas está intrinsecamente relacionado ao ciclo das políticas ou ciclo de programas. O que chamamos de *ciclo* é o que se convencionou para sistematizar o processo

Para saber mais

Você pode consultar as obras indicadas nesta seção para aprofundar sua aprendizagem.

Histórico e conceitos da avaliação de políticas públicas

Síntese

Neste capítulo, apresentamos três aspectos introdutórios relacionados ao processo avaliativo: histórico; modalidades avaliativas contempladas em cada etapa do ciclo de políticas; e definição dos conceitos de avaliação, monitoramento e indicadores.

O processo histórico da avaliação expandiu-se após a Segunda Guerra Mundial, quando as análises sobre esse tema passaram a ser mais relevantes. No Brasil, esse processo só aconteceu a partir da década de 1980. Com o decorrer do tempo, as discussões sobre o assunto foram ampliadas, estabelecendo conceitos, metodologias e objetivos diferentes de acordo com o momento político e as novas demandas sociais. Dessa forma, a avaliação – tanto o conceito quanto as metodologias e o uso – não está associada a uma única cultura de gestão pública, sendo ampliada e refletindo propósitos que cada tipo de avaliação pode ter e almejar.

O entendimento atual sobre avaliação está relacionado ao ciclo de políticas, um esquema visualizável de etapas sequenciais e interdependentes que sistematiza a elaboração das políticas públicas. Para cada uma das fases que compõem esse ciclo, é possível identificar modalidades avaliativas diferentes. Nas etapas de identificação e reconhecimento dos problemas sociais, bem como na definição da agenda, a modalidade avaliativa mais pertinente é a avaliação de necessidade de programas. Por outro lado, no momento da formulação de programas, são investigados o modelo de intervenção por meio da avaliação de desenho. Durante o processo de implementação do programa, a modalidade avaliativa mais adequada é o monitoramento e, posteriormente, a implementação será iniciada com a avaliação dos impactos e resultados de eficiência.

Também estabelecemos a diferenciação dos conceitos relacionados ao processo avaliativo, envolvendo o entendimento de avaliação e de monitoramento. Assim, esse processo associa-se a um conceito mais genérico, que acontece durante todo o ciclo de

Síntese

Você dispõe, ao final do capítulo, de uma síntese que traz os principais conceitos nele abordados.

Assessoria e consultoria de programas e projetos sociais

Tendo em vista tais aspectos mais gerais, identificamos as diferenças na atuação de assessoria e de consultoria na área social, cujo desenvolvimento recente tem permitido novas estratégias de desempenho profissional. Ambas são de atuação indireta e de prestação de serviço e envolvem uma avaliação panorâmica sobre os projetos e os programas para além da execução e do gerenciamento direto das ações, favorecendo, assim, perspectivas externas articuladas teórica e praticamente em prol do aperfeiçoamento da aplicação concreta.

Questões para revisão

1. Discorra sobre as semelhanças e as diferenças entre os conceitos de assessoria e de consultoria.

2. Explique quais são as possibilidades de atuação de um assessor ou consultor na área social.

3. Assinale a alternativa que apresenta apenas características desejáveis a um assessor ou consultor:
   a) Organização, dependência institucional e princípios éticos.
   b) Sustentação teórica e habilidades práticas não relacionadas à demanda.
   c) Habilidades relacionais e utilização de linguagem rebuscada.
   d) Desenvolvimento técnico e metodológico, comprometimento e valores éticos.
   e) Experiência profissional e aptidão para replicar metodologias.

4. Os processos de assessoria e de consultoria na área social são recentes. Assinale a alternativa que retrata os diferenciais dessa atuação:
   a) A área social apresenta os mesmos objetivos de áreas como administração e economia ao prestar assessoria e consultoria.
   b) Processos de assessoria e de consultoria na área social têm possibilitado novas alternativas de atuação, com contato direto ao usuário.

Questões para revisão

Com estas atividades, você tem a possibilidade de rever os principais conceitos analisados. Ao final do livro, o autor disponibiliza as respostas às questões, a fim de que você possa verificar como está sua aprendizagem.

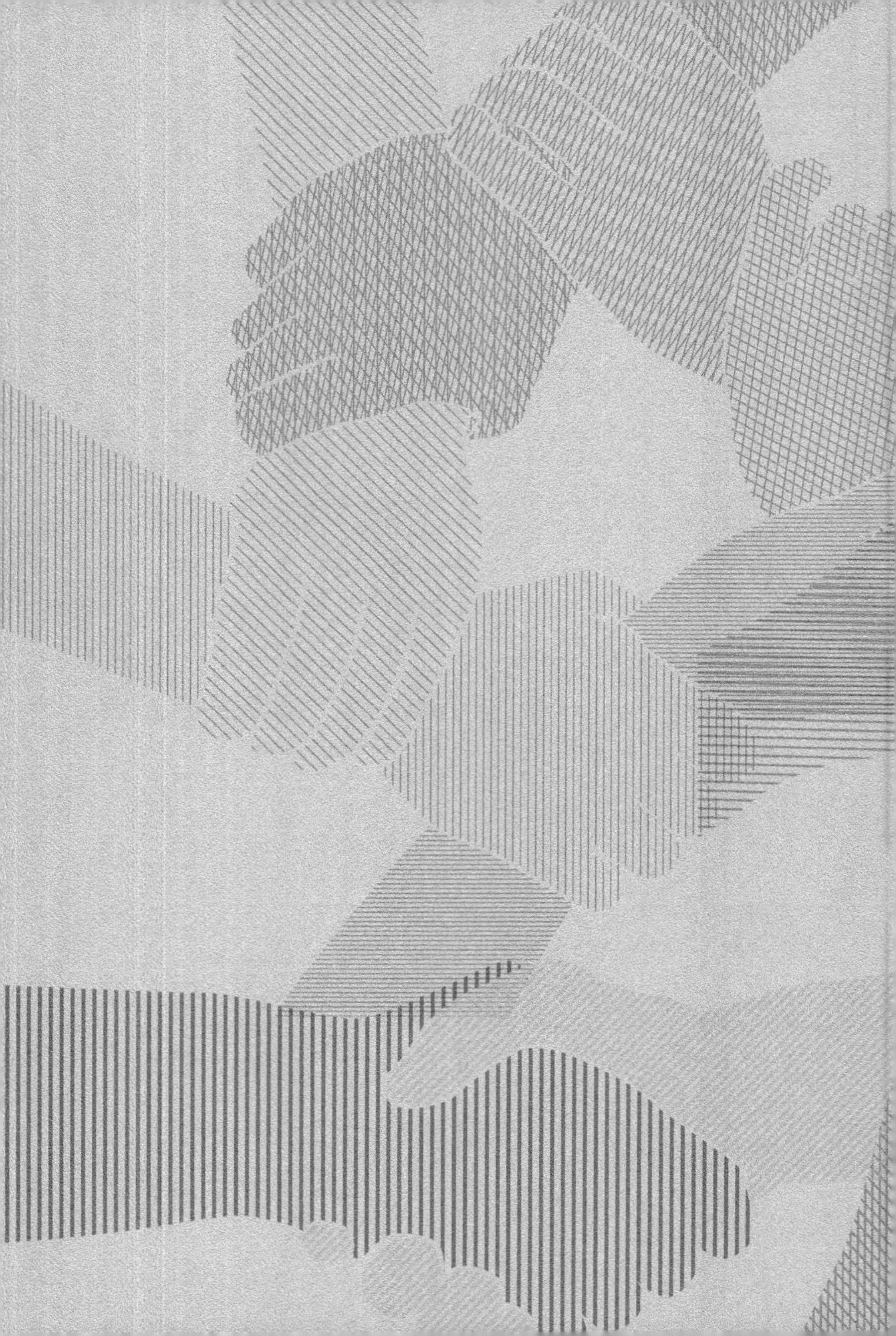

CAPÍTULO 1

Assessoria e consultoria de programas e projetos sociais

Conteúdos do capítulo:

- Delimitação dos conceitos de assessoria e consultoria.
- Assessoria e consultoria na área social.
- Atuação de assessoria, consultoria em políticas públicas.
- Atributos e qualidades do assessor ou consultor.
- Possibilidades de atuação do profissional.

Após o estudo deste capítulo, você será capaz de:

1. diferenciar o conceito de assessoria e consultoria;
2. compreender esses processos na área social;
3. distinguir os conceitos de política, programa e projeto;
4. reconhecer possibilidades de atuação do assessor e consultor em políticas públicas;
5. descrever os requisitos para o profissional que atua como assessor ou consultor.

Para iniciar nossa trajetória, vamos analisar as possibilidades de atuação de assessoria e consultoria, relacionadas ao tema de avaliação de políticas públicas. É preciso delimitar os conceitos dos termos envolvidos e as características dos profissionais, consultores e assessores nesse campo. Antes, apresentaremos as ideias compreendidas nos conceitos de assessoria e de consultoria, a fim de que você possa compreender o modo como inseri-las no campo da atuação de avaliação de políticas públicas.

1.1 Assessoria e consultoria

Os desafios enfrentados por instituições e organizações, públicas ou privadas, é crescente, e isso ocorre em razão da necessidade de reestruturação das organizações diante das novas demandas produtivas, principalmente a partir dos anos 1990 – pressão para redução de custos, fragmentação de atividades, alterações de leis e normativas, complexidade tecnológica, entre outros (Matos, 2009; Crocco; Guttmann, 2010).

A extensão e as peculiaridades das dificuldades levam as organizações a buscar profissionais qualificados, a fim de realizar atividades específicas para auxiliar nas rotinas organizativas e desempenhar as funções institucionais mais adequadamente, bem como para aumentar seus resultados. Os serviços especializados desses profissionais constituem o escopo de atuação de assessorias e consultorias. Há uma ampla gama de possibilidades de atuação desses serviços nas instituições, entre eles podemos citar: serviços em administração financeira e mercadológica, produção, tecnologia da informação, gestão de pessoas, inovação, gerenciamento de mudanças, terceirização, atividades sociais e políticas (Crocco; Guttmann, 2010).

Feita esta breve introdução, vamos aos conceitos de *assessoria* e de *consultoria*. As definições de ambos os termos associam-se às ideias de auxiliar, ajudar e orientar, considerando que o assessor ou consultor não é o próprio executor da atividade em si. Esse profissional presta um serviço independente, com vistas a identificar e investigar problemas que digam respeito à política, à organização, aos procedimentos e aos métodos da organização, indicando estratégias e opções adaptadas aos problemas institucionais que são apresentados para seu trabalho, de acordo com sua experiência e seu conhecimento na área. A atuação deve ser a menos parcial possível, no sentido de não ser afetivamente pessoalizada ou restringida por preconcepções limitantes, porque precisa auxiliar nos processos de decisão. Aqueles que contratam consultores e assessores, por sua vez, têm plena autonomia para decidir se aceitarão ou não suas proposições (Goerck; Viccari, 2004; Matos, 2009; Crocco; Guttmann, 2010).

Há pouca diferença entre os conceitos de assessoria e de consultoria e isso faz com que, muitas vezes, eles sejam tratados como sinônimos. Contudo, acreditamos que é importante diferenciá-los:

- **Assessoria**: o conceito refere-se à ideia de assistir mais qualificadamente. Está vinculado à assistência teórica e técnica de uma equipe para articular e preparar a construção de projetos institucionais de forma mais abrangente, agindo em pontos diversos da estrutura organizacional. A assessoria pressupõe tempo de relacionamento entre o profissional contratado e a organização e é um processo mais complexo e demorado. As intervenções de assessoria objetivam que a equipe executora realize suas atividades com maior clareza e atenção às demandas do serviço que presta. Ao mesmo tempo, elas exigem conhecimento amplo sobre as atividades institucionais e os temas abrangidos, por isso, muitas vezes, são trabalhadas por uma equipe em que participam diversos especialistas (Vasconcelos, 1998; Matos, 2009; Crocco; Guttmann, 2010; Gomes, 2015). Algumas das atribuições de um assessor são: sugerir ações que enriqueçam o conteúdo teórico, técnico e político; propor reflexão profunda da realidade trabalhada; construir conjuntamente condições para que projetem e realizem suas tarefas, apontando possibilidades, limites, alternativas e viabilização do projeto (Machado; Mafra, 2015).

- **Consultoria**: o conceito relaciona-se ao processo de aconselhamento e instrução sobre questões mais objetivas e diretas do processo de trabalho. Uma consultoria acaba sendo a prestação de um serviço pontual para situações em que se necessita o parecer de um especialista sobre uma temática determinada, tendo em vista que a equipe contratante já detém conhecimento prévio sobre o assunto. São respostas específicas sobre aspectos da organização e de seu trabalho que exigem um conhecimento aprofundado sobre o que foi solicitado, ao mesmo tempo em que são necessários cuidados com a definição do foco de atuação em decorrência da especificidade do tema. As consultorias iluminam pontos obscuros no processo de trabalho institucional, oferecem vias alternativas, apontam tendências ou sistematizam aprendizados anteriores, para que a equipe executora tenha um panorama sintético no momento em que precisa tomar decisões (Matos, 2009; Crocco; Guttmann, 2010; Gomes, 2015). Vasconcelos (1998, p. 17) esclarece que entre as atividades de consultoria estão: "indicar bibliografia sobre temas específicos; dar parecer sobre projetos de pesquisa e/ou avaliar o encaminhamento de levantamentos e pesquisas em andamento; indicar ou realizar cursos sobre temas específicos da área de atuação profissional etc.".

Consideramos adequado, também, apresentar a definição do termo *supervisão*, que, muitas vezes, é confundido com consultoria e assessoria. Matos (2009) afirma que esse termo tem como pressuposto a autoridade para identificar se as atividades realizadas estão corretas ou não. A supervisão pode acontecer na própria atividade finalística em si. Nos processos de assessoria ou consultoria, há uma autoridade de competência, cabendo àquele que contrata aceitar ou não suas orientações.

Diante do exposto, podemos constatar que tanto o trabalho de assessoria quanto o de consultoria são formas indiretas de prestação de serviço, por uma pessoa ou um grupo, aos órgãos governamentais e não governamentais e às empresas privadas, a fim de problematizar determinada demanda (Goerck; Viccari, 2004; Matos, 2009; Crocco; Guttmann, 2010). As distinções entre elas nem sempre são observadas nas contratações. Muitas vezes, acredita-se precisar de uma consultoria, mas, em razão das precariedades institucionais observadas, a consultoria acaba transformando-se em um trabalho de assessoramento contínuo e prolongado.

Nesse sentido, evidencia-se a característica temporária desse tipo de trabalho prestado pelo assessor e pelo consultor. Isso não significa que todo trabalho temporário configura-se como uma ação de consultoria ou de assessoria. A terceirização de serviços que deveriam ser prestados por profissionais contratados ou a realização de atividades contínuas de contato direto com o usuário não fazem parte do escopo de atuação da assessoria ou da consultoria (Matos, 2009; Gomes, 2015). Assim como aponta Gomes (2015, p. 372), tais serviços não podem tornar-se "uma forma naturalizada de substituição de profissionais contratados por outros de vínculo e condições de trabalhos precários, para trabalhos excessivos ou não desejados", confundindo autonomia profissional com precarização de serviços e dependência de obtenção de novos contratos.

Perguntas & respostas

Qual contratação é mais adequada para auxiliar a elaboração de uma nova política pública – de assessoria ou consultoria?

Não há uma resposta única e invariável para isso, pois a avaliação sobre a necessidade de consultoria ou de assessoria depende das capacidades institucionais (recursos humanos e materiais) e do tempo de que se dispõe para o desenvolvimento de um novo projeto. Por exemplo, quando uma nova atividade está sendo elaborada e não se conhecem todos os projetos semelhantes e outras avaliações já realizadas sobre eles, há muito trabalho inicial de diagnóstico a ser feito, provavelmente envolvendo mais de uma especialidade, necessitando-se de constante diálogo e produção de materiais que possam levar à criação de um projeto. Nesse caso, uma equipe de assessoria auxiliara mais adequadamente a equipe, teórica e tecnicamente, assistindo à execução de desenho do projeto e à elaboração de estratégias no processo de implementação. Essa demanda de assessoramento mais constante e duradouro vai depender se, na própria equipe de gestão do projeto, há ou não recursos humanos especializados disponíveis para realizar o diagnóstico de problemas e o desenho do projeto e, se o tempo for reduzido, para que as pessoas se envolvam primeiro nisso e, depois, avancem na implementação propriamente dita.

Já a consultoria pode adequar-se quando for preciso responder a perguntas específicas e pontuais sobre um processo de trabalho que já está em andamento. Por exemplo, realizar uma avaliação de processos sobre o relacionamento entre níveis de chefia ou explorar como os agentes da ponta (burocracia do nível de rua) tomam decisões diante de problemas não esperados no projeto, ou, ainda, direcionar a implementação de um sistema eletrônico de registros. Enfim, consultores podem ser mobilizados especificamente para contribuir – de acordo com seu conhecimento – com a elucidação sobre as melhores estratégias e alternativas de encaminhamento sobre determinada questão em certo momento do projeto.

1.1.1 Assessoria e consultoria na área social

Assessoria e consultoria são processos de prestação de serviço relacionados às mais diversas áreas – administração, produção, tecnologia da informação, gestão de pessoas, inovação, legislação e normativas, atividades sociais e políticas, entre outras (Crocco; Guttmann, 2010). Matos (2009) e Gomes (2015) afirmam que, com o advento da Constituição Federal de 1988 (Brasil, 1988) e das políticas sociais, houve um aumento na busca por esse tipo de serviço na área social.

Dessa forma, tais serviços são relativamente recentes na área e têm apresentado distintas configurações e objetivos, assim como várias perspectivas teórico-metodológicas, condições e propostas de trabalho. Além disso, permitem atuação em diferentes níveis e sujeitos envolvidos: gestores públicos, privados, filantrópicos; movimentos sociais; conselhos de direito e conselhos tutelares (Matos, 2009; Gomes, 2015).

Mesmo reconhecendo esse amplo campo de atuação, grande parte da produção teórica disponibilizada sobre esses serviços vem da área de administração de empresas, que apresenta propósitos – como maximização do lucro – muito distantes do objetivo de um trabalho na área social, o qual visa a promoção de direitos. Em vista disso, a atuação em assessoria e consultoria na área social deve ser precedida por momentos de reflexão conceitual, para que a estratégia de atuação não apresente incoerência entre meios e finalidades, objetivos e resultados (Matos, 2009). Portanto, independentemente dos motivos pelos quais esses serviços foram contratados, é importante ponderar a respeito dos objetivos dessa solicitação, das reais possibilidades de atuação e do relacionamento dessas demandas com os pilares constitucionais da proteção social e da garantia de direitos.

Questão para reflexão

Considerando que os objetivos dos processos de assessoria e consultoria na área administrativa são diferentes dos propósitos dessa atuação na área social, quais aspectos da atuação em assessoria e consultoria precisam ser repensados no que se refere à sua aplicação na área social?

Cientes da diversidade da temática *assessoria* e *consultoria*, entendemos que a respectiva atuação pode acontecer em diversos espaços: empresas, organizações governamentais e não governamentais, associações, conselhos, entre outros. Contudo, quando falamos da atuação na área social, emergem algumas ideias preliminares subjacentes, relacionadas com os pilares constitucionais do país.

Iniciemos com o conceito de política pública voltado à intervenção estatal. Neste livro, não vamos debater a primeira parte do conceito, que seria o termo *política* em si, suas raízes históricas, seu fundamento no conceito de poder e seus desdobramentos ideacionais[1]. Sendo mais pragmáticos, quando falamos de assessoria e consultoria na área social, estamos nos referindo diretamente à atuação de profissionais que vão contribuir com o desenvolvimento do Estado "em ação". Essa ideia de "em ação" significa que se produzem soluções específicas para manejar assuntos públicos.

A **política pública** tem como objetivo intervir na realidade social e vai desenvolver-se em esferas públicas da sociedade, as quais não se restringem àquelas políticas governamentais ou de governo, mas abrangem todas as estratégias que preservem o caráter público, podendo ser executadas por organizações públicas, não governamentais e privadas (Draibe, 2001). Políticas públicas delineiam cursos de ação e de informação relacionados com um objetivo definido que estão na agenda pública. Elas pressupõem algum nível de simplificação de problemas sociais, cuja característica deriva de seu caráter operacional.

Uma política pública de qualidade inclui orientações e conteúdos, instrumentos e mecanismos, definições sobre o curso intencionado de modificações institucionais e a previsão do que se espera. No caso da área social, os assuntos das políticas envolvem questões de garantia de necessidades básicas, dignidade humana e ideais de solidariedade, proteção e desenvolvimento social.

---

1 Em inglês, para o que em português escreve-se apenas de uma maneira – *política* –, há três termos que diferenciam a complexidade desse conceito, são eles: *policy, polity e politcs*. Compreende-se por *policy* a dimensão material da política, representada pelas políticas públicas produzidas – as linhas de ação do Estado; entende-se por *polity* a dimensão estrutural da política, ou seja, as regras do jogo, a estrutura institucional; e por fim, considera-se *politics* o próprio jogo político, isto é, a dinâmica política. Dessa forma, a expressão *políticas públicas* corresponde a *policy* (Frey, 2000).

Visões diferentes sobre essas questões entram em disputa na arena política e, assim sendo, há uma relação recíproca entre política e políticas públicas: "A política pode ser analisada como a busca por estabelecer políticas públicas sobre determinados temas ou de influir sobre elas" (Parada, 2006, p. 68).

> Uma política pública de qualidade inclui orientações e conteúdos, instrumentos e mecanismos, definições sobre o curso intencionado de modificações institucionais e a previsão do que se espera.

Reconhecendo que a política pública está no campo das idealizações, são necessárias estratégias operacionais de intervenção de maior materialidade, para tanto, são estabelecidos graus decrescentes de abrangência de intervenção e de planejamento, que são os programas e os projetos (Draibe, 2001; Kauchakje, 2008; Jannuzzi, 2016). A Figura 1.1, a seguir, representa essa conceituação.

Figura 1.1 – Representação dos conceitos de política, programa e projeto

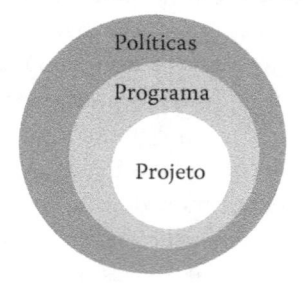

(Políticas / Programa / Projeto)

- Uma **política** representa o plano de intervenção mais amplo e abrangente, que estabelece referencial teórico e político – por meio de leis, regulamentações, diretrizes – e mantém-se como critério na elaboração de programas e projetos sociais, os quais devem estar articulados e coerentes com os objetivos propostos pela política (Draibe, 2001; Kauchakje, 2008).
- O **programa**, por sua vez, constitui um instrumento operacional da política pública, sendo uma entre tantas ações em que ela se desdobra. Elabora-se um programa de acordo com as diretrizes da política estruturante, delimitando prioridades, áreas de atuação,

público de intervenção, atividades e alocação de recursos para mitigar uma problemática social específica ou para promover um objetivo societário comum (Draibe, 2001; Kauchakje, 2008). Para Jannuzzi (2016), um programa é um conjunto articulado de atividades e ações, a fim de operacionalizar uma demanda pública específica.

O **projeto**, por fim, é uma unidade ainda menor de ação, mais pontual, específica e estratégica, com maior grau de detalhamento de objetivos, grupos sociais e menor área de atuação, a fim de operacionalizar as diretivas da política (Cohen; Franco, 1993; Draibe, 2001).

Para citar um exemplo funcional, podemos afirmar que a Política Nacional de Assistência Social (PNAS) consiste na estrutura abrangente que norteia a intervenção pública, estabelece o Sistema Único de Assistência Social (SUAS) e oferece diretrizes para os mais diversos aspectos da área. Já o Programa Bolsa Família é uma das possibilidades de ação dentro da política em questão. E os projetos de intervenção com beneficiários do referido programa, por sua vez, são oportunidades de ação mais circunscritas e específicas.

Kauchakje (2008) argumenta pelo encadeamento consistente entre política, programa e projetos, pois uma política sem estratégias de operacionalização não tem sentido em existir; as políticas devem propor mudança social, se ficam apenas na fase de planejamento, não há mudança efetiva. Da mesma forma, programas e projetos sem vinculação com as diretrizes de uma política podem ser ações obsoletas, com objetivos divergentes do que propõe o Estado Democrático de Direito e alocando recursos de maneira inadequada.

Tal diferenciação conceitual entre política, programa e projeto é de extrema importância para que sejam identificados o nível da atuação planejada que se contribuirá, bem como as expectativas e análises a serem elaboradas sobre elas. Porém, você observará no decorrer de suas leituras sobre a temática, que, muitas vezes, esses termos são utilizados de maneira mais genérica, referindo--se à intervenção em geral a ser realizada, e não exatamente ao nível de abrangência aqui demonstrado como encadeados.

Pensando em encadeamento, a análise de políticas públicas foi originalmente fundamentada nos estudos sobre processos de sua formação. Com isso, nessa análise das políticas, enfatizou-se o que se convencionou chamar de *ciclo das políticas* (*policy cycle*). Trata-se de um recurso didático para demonstrar fases parciais do processo político-administrativo de resolução de problemas (Trevisan; Van Bellen, 2008). Frey (2000, p. 226) entende que as "divisões do ciclo político nas várias propostas na bibliografia se diferenciam apenas gradualmente. Comum a todas as propostas são as fases da formulação, da implementação e do controle dos impactos das políticas". Abordaremos em detalhes os conceitos envolvidos nesse processo no Capítulo 2. Esse recurso didático fundamenta o olhar teórico e prático desta obra.

Por fim, interessa destacar que, na área social, a atuação da assessoria ou da consultoria volta-se às políticas de garantia de direitos sociais, ou seja, está relacionada a educação, saúde, segurança pública, assistência social, cultura, esporte, entre outros, assegurados na Constituição Federal de 1988 (Brasil, 1988). Assim, as razões para contratar esses profissionais, os atributos exigidos, os tópicos característicos do assessoramento e da consultoria e suas possibilidades de atuação exigem uma reflexão sobre os pilares dessas áreas.

1.1.2 Por que contratar consultoria e assessoria em políticas públicas?

O que leva uma organização a contratar um consultor ou subsidiar-se em equipes de assessoria? Vivemos em uma sociedade que exige aquisição e atualização de conhecimento de maneira cada vez mais rápida e intensa, além de um intercâmbio de soluções que não se adequam a saberes produzidos setorialmente. Dessa forma, profissionais mais flexíveis, que circulam entre áreas e apresentam resultados e estratégias diversas em aplicação de conhecimentos são bons mecanismos para aperfeiçoar o processo de desenho, implementação e avaliação de projetos e programas. A consultoria e a assessoria atuam nessa busca por atualização sobre o que é essencial para concretizar as atividades-fim das instituições, nos mais diversos ramos de atuação (Crocco; Guttmann, 2010).

Existem algumas situações que levam organizações – públicas ou privadas – a buscar esses serviços. Não temos o objetivo de esgotar todas as possibilidades aqui, visto que processos dinâmicos e diversificados é que motivam essas contratações. Todavia, para provocar reflexões, vamos apresentar, a seguir, algumas razões discutidas, principalmente, por Crocco e Guttmann (2010) e Gomes (2015).

- **Conhecimento**: motivo para aprofundar a compreensão do projeto/programa, podendo ser demandados cursos, capacitações ou processos de discussão mais complexos. Além disso, a solicitação pode ser para apresentar novas formas de gestão do conhecimento adquirido, por exemplo, com a finalidade de reorganizar fluxos e pessoas.
- **Responsabilidade social**: solicitação cada vez mais crescente de profissionais da área social, buscando pessoas que auxiliem na elaboração de projetos de valorização e participação comunitárias nas adjacências das empresas.
- **Demandas temporárias**: a organização pode estar em busca de profissionais para realizar tarefas por um período determinado, a fim de auxiliá-los em uma meta ou um projeto específico, por exemplo, para introdução de novas tarefas ou reestruturações, pesquisas, processos avaliativos, entre outros.
- **Ponto de vista externo**: assessores e consultores podem atuar como observadores externos, a fim de solicitar ou apoiar trabalhos e identificar outras opiniões sobre um tópico importante utilizando da credibilidade e *expertise* do profissional.

1.2 Estratégias de atuação em projetos de assessoria e de consultoria

O desenvolvimento dos processos de assessoria e de consultoria deve partir da exigência de cada projeto, não havendo um modelo único para isso. As estratégias de atuação devem realizar-se em consonância com as necessidades apresentadas pela gestão do projeto, exigindo do profissional amplo conhecimento sobre técnicas, para que sejam utilizadas as mais adequadas aos problemas expostos (Vasconcelos, 1998; Matos, 2009).

As "necessidades" abarcam tanto dificuldades quanto dúvidas e questões que estão sendo repensadas. Nesse sentido, um problema não significa uma contrariedade ou adversidade em si, mas uma situação que inclua escolha de alternativas para solucionar questões. Isso implica a compreensão da assessoria e da consultoria de maneira mais ampla, de modo que a partir do olhar externo seja possível promover o aperfeiçoamento das ações desenvolvidas pela organização, tanto nas dúvidas pontuais do processo de trabalho quanto no processo contínuo de desenho ou implementação. As atividades de consultoria e de assessoria auxiliam em diversos aspectos, inclusive sugerindo estratégias para situações que não pareciam claras para a equipe, mas que o olhar externo consegue captar (Matos, 2009).

É imprescindível que as demandas iniciais – que nem sempre são as mais adequadas – sejam estudadas em profundidade, a fim de que sejam identificados os aspectos mais relevantes e que precisam de atenção no momento. Cabe ao profissional que realizará a assessoria ou a consultoria conhecer seu objeto de estudo, as relações institucionais, a equipe, seus processos de execução e as informações relevantes sobre a implementação do projeto/programa, tempo do trabalho contratado, recursos institucionais destinados à demanda, entre outros. Além disso, mapear as expectativas da equipe com relação ao processo de assessoria ou de consultoria também é uma boa estratégia para o trabalho

(Vasconcelos, 1998; Goerck; Viccari, 2004; Matos, 2009). Com esse panorama inicial, o profissional contratado terá condições de determinar os limites e as possibilidades do seu trabalho e terá subsídios para elaborar um projeto consistente, construído com base no diálogo e que, de fato, faça sentido para ambas as partes (Vasconcelos, 1998; Matos, 2009).

A contratação de um serviço de consultoria ou de assessoria, para ser bem-sucedida, pressupõe que ambos – contratado e contratante – estejam cientes da função, dos limites e do alcance do trabalho a ser realizado. Com isso, estabelece-se um contato sistemático entre as partes, a fim de construir, operacionalizar e opinar sobre o problema em questão. Essa relação de trabalho não funciona por hierarquia ou subordinação. O gestor do projeto não é propriamente um chefe, mas um cliente do consultor ou do assessor. Em especial, os trabalhos de consultoria e de assessoria ultrapassam a hierarquia, porque seus serviços não devem ser pensados para produzir informações apenas para os gestores, e sim devem ter uma lógica de participação efetiva de todos os envolvidos no programa/projeto (Vasconcelos, 1998; Matos, 2009; Gomes, 2015).

A principal função do assessor ou do consultor consiste em instrumentalizar a equipe, apresentando características para ampliar as possibilidades de ação profissional, ultrapassando discussões superficiais e externas às atividades da organização. Essa atuação pode permitir que a equipe construa uma prática mais articulada com seus objetivos, priorizando demandas, atividades e ações essenciais, encarando as falhas reais, de modo a mitigar e superar dificuldades (Vasconcelos, 1998).

Assim como ressalta Matos (2009), não cabe ao processo de assessoria ou de consultoria a afirmação do que é mais importante para a organização. O poder decisório é do gestor, cabe à equipe gestora definir a linha estratégica a seguir. Isso implica ao profissional reconhecer que nem sempre aquilo que ele apresentar será aceito pelos profissionais que fizeram a contratação, visto que sua função não é de execução, mas de proposição. Igualmente, a prestação desses serviços compreende o estabelecimento de estratégias conjuntas entre os componentes, a fim de construir, a partir da participação dos integrantes da equipe, os processos mais relevantes, os quais devem ter plena autonomia para tomar a decisão de executar ou não o que foi proposto. Para o sucesso da relação entre contratante e contratado, em benefício do programa/projeto, o contratado não deve omitir seus posicionamentos sobre os resultados de seu trabalho, faz parte da sua atuação argumentar e discutir seus achados, sua atuação é de promoção da reflexão (Matos, 2009; Gomes, 2015).

Matos (2009) entende que a atuação em assessoria ou consultoria gera um conhecimento único para a realidade explorada e poderá ser utilizada para construir diferentes documentos, como textos educativos, protocolos de ação, cartilhas, artigos, entre outros, úteis tanto para a equipe contratante quanto para difundir o trabalho de forma acadêmica.

1.2.1 Atributos e qualidades do profissional

A primeira consideração sobre os profissionais que se disponibilizam como consultores e assessores diz respeito ao domínio dos conteúdos que detêm sobre a área em que atuam, bem como sua disposição para atualização e estudo constante de seus conhecimentos (Matos, 2009). Além disso, atuar como assessor ou consultor envolve outros atributos relacionados a aspectos comportamentais, de habilidade, saberes específicos, experiência e de questões éticas (Crocco; Guttmann, 2010). Sobre esses atributos, acompanhe as descrições a seguir.

- **Comportamentais**: há predisposições relacionadas com a interação entre o profissional e os contratantes, e outras que envolvem o modo como o colaborador organiza-se e produz seu trabalho. Na primeira situação, o profissional precisa ser capaz de interagir produtivamente com os contratantes, a fim de compreender os elementos fundamentais da organização e de proporcionar um clima favorável de confiança (Goerck; Viccari, 2004). Na segunda situação, o profissional precisa apresentar características como automotivação, demonstrando que não espera que alguém o incentive. Seu trabalho também depende de antecipar problemas, soluções e estratégias, contando com sua própria capacidade e motivando outras pessoas a realizar o trabalho. Além disso, é preciso que haja organização do tempo e comprometimento para essas atividades, ou seja, cabe ao profissional manter a disciplina e estruturar seus procedimentos de trabalho (Crocco; Guttmann, 2010). No âmbito comportamental, também se constrói segurança. Cabe ao profissional contratado manter um bom relacionamento com a equipe, inspirando confiança e desenvolvendo a empatia das pessoas para que o trabalho seja fluido e cooperativo (Crocco; Guttmann, 2010).

- **Habilidades**: os profissionais precisam conhecer uma ampla gama de técnicas, métodos e ferramentas para sua atividade e saber como aplicá-las de maneira criativa. É importante desenvolver sua capacidade analítica, ou seja, a partir de fatos e dados realizar uma leitura para antecipar-se às necessidades e vislumbrar possíveis resultados, principalmente com relação ao enfrentamento de situações ainda não estruturadas, relacionando fatores relevantes e alternativas a serem utilizadas (Crocco; Guttmann, 2010). Outra habilidade requerida trata-se da expressão de suas ideias. É preciso saber se comunicar e negociar com os gestores tanto no sentido de orientar suas indicações adequadamente quanto de escutar as necessidades e os desejos do contratante. Para que essa comunicação seja efetiva, o profissional deve utilizar linguagem acessível, prática e simples, fazendo uso de diferentes formas linguísticas para atingir públicos distintos (Goerck; Viccari, 2004; Crocco; Guttmann, 2010).
- **Conhecimentos específicos**: refere-se à exigência de o profissional saber variadas técnicas e suas aplicações. Esse requisito está diretamente relacionado com a sustentação de sua qualificação contínua e de seu conhecimento abrangente e direcionado. O profissional deve ter capacidade para propor melhorias e projetos com base na realidade institucional, e não ser apenas um mero replicador de instrumentos. Assim, advoga-se para que se tenha sustentação conceitual e prática, o que significa que métodos, técnicas e procedimentos adotados na prática devem

estar intimamente relacionados aos conceitos e às teorias que
os qualificam (Crocco; Guttmann, 2010). Um bom profissional
de consultoria e assessoria busca atualização e aprimoramento
teóricos constantes e, principalmente, tem consciência de onde
e como procurar informação e tecnologias que complementem
suas atividades (Goerck; Viccari, 2004).

- **Experiência**: é no trabalho empírico que se mostram habilidades e conhecimentos, assim, assessoria e consultoria são ofícios que ganham valor ao longo do tempo em que o profissional desenvolve sua carreira. Bons trabalhos realizados consolidam o conhecimento do profissional e o apresentam para novas oportunidades. A base educacional – formal, extensão, idiomas, entre outros – também oferecerá informações sobre sua qualificação. Apresentar diferenciais, ou seja, competências que expõem valor especial ao que a contratante busca, também contribui para a ocupação em assessoramento e consultoria (Matos, 2009; Crocco; Guttmann, 2010).
- **Ética**: diz respeito ao cuidado com princípios e valores que demonstrem verdade, honestidade nas ações, transparência intelectual, caracterizando um profissional comprometido e competente. O trabalho inclui sigilo profissional, uso de instrumentais adequados e que promovam qualificação das atividades da organização e consciência sobre limites e potencialidades oferecidos nos resultados (Crocco; Guttmann, 2010; Gomes, 2015).

Gomes (2015, p. 371) lembra que "é preciso saber suas competências teórico-metodológicas, ético-políticas e técnico-operativas e identificar se o consultor possui conhecimento aprofundado sobre a profissão". Dessa forma, os atributos aqui descritos não devem ser vistos isoladamente, mas na compreensão de sua inter-relação.

1.2.2 Possibilidades de atuação

O trabalho de assessoria, consultoria e orientação de políticas públicas apresenta uma ampla gama de atuação, a qual pode estar relacionada a qualquer um de seus graus de estratégias: políticas, programas e projetos. Obviamente que, quanto maior o grau, maior a complexidade da atuação, pois a análise de políticas envolve o contexto político-social, atores do processo de construção e legitimação, exigindo recursos intelectuais, materiais e metodológicos muito mais aprofundados. Dessa forma, é mais comum o trabalho de assessores e consultores no âmbito de programas e projetos, ou seja, nos processos de execução das ações, promovendo maior racionalidade, objetividade e equidade ao processo (Cohen; Franco, 1993; Draibe, 2001; Jannuzzi, 2016).

Mas quais são essas possibilidades de atuação? Muitos são os motivos que justificam a busca por profissionais para atuar como assessores e consultores. As demandas podem surgir por solicitação de diversos atores: instituições governamentais, não governamentais, parlamentares, movimentos sociais, entre outros. Eles podem solicitar, também, uma ação específica em uma situação social, normalmente vista como negativa ou por indução legislativa ou previsão de ação no interior de políticas públicas (Kauchakje, 2008).

As possibilidades de ação que um assessor ou consultor tem na área de políticas públicas estão intimamente relacionadas às etapas do ciclo de políticas e associadas ao planejamento, às atividades de realização de diagnósticos e de análises situacionais, à elaboração de programas e projetos, à estruturação de monitoramento, à orientação a respeito de dificuldades encontradas na execução e na avaliação de programas e projetos e aos estudos para identificar novas demandas de intervenção social.

Considerando uma perspectiva ainda mais específica, Cohen e Franco (1993), dada sua visão de que a política social deve contribuir para elevar os níveis de vida da população, sugerem alguns pontos relevantes para reflexão na atuação de consultor ou assessor, os quais abordaremos a seguir.

- **Aumento da eficiência do gasto social**: a utilização do recurso disponível para a política, o programa ou o projeto pode ser um dos pontos críticos de sua execução. Dessa forma, o profissional pode auxiliar no sentido de aumentar a eficiência do emprego de recursos, propondo controles e metodologias que possibilitem o encontro de alternativas mais econômicas para alcançar os mesmos objetivos, além de um acompanhamento que possibilite reorientar o programa quando este não estiver mais alcançando seus objetivos.

- **Utilização dos serviços**: uma das dificuldades de programas e projetos é que a população-alvo acesse os serviços disponibilizados, exigindo uma análise com relação ao modelo de oferta. Há também os problemas de demanda que afetam os potenciais destinatários. Isso pode implicar na redefinição da oferta, ou seja, pode ser necessário que se estudem alternativas para atingir os reais beneficiários, facilitando seu acesso, identificando estratégias de sobrevivência das famílias e promovendo os serviços e os profissionais que atuam nele para que executem suas atividades adequadamente – sem absenteísmos, com cumprimento de horários, atendimento adequado à necessidade da população, entre outras medidas. Outra possibilidade de atuação é a promoção da demanda, o que implica ações informativas para a população sobre os serviços existentes e em ações estratégicas para apoiar os beneficiários a encontrar os serviços adequadamente dentro do labirinto burocrático em que estão as políticas públicas.

- **Avanço no conhecimento técnico**: os profissionais que atuam no planejamento, na elaboração e na execução de políticas, programas e projetos devem estar muito bem instrumentalizados para tal função, por meio de diretrizes e recomendações viáveis e eficientes. Um dos aspectos que podem auxiliar esse processo é a realização de diagnósticos adequados com análises objetivas da situação social a ser modificada, estabelecendo prioridades de ação adequadas às necessidades concretas dos beneficiários. Outra possibilidade é dispor de informações sobre a realidade, a fim de quantificar e descobrir os problemas e as demandas reprimidas existentes, o que implica investimento em sistemas de informações e em treinamento da equipe para o acesso adequado.

- **Avaliação de políticas, programas e projetos sociais:** trata-se de uma parte do processo de avanço no conhecimento que merece destaque especial. O processo avaliativo em geral possibilita visualizar se os objetivos estão sendo alcançados e monitorar se as atividades que estão sendo realizadas pela equipe estão de acordo com as diretrizes propostas. Isso implica utilização de metodologias adequadas e que revelem esses aspectos fundamentais, que produzirão evidências para tomada de decisão sobre continuidade, replicabilidade ou término das ações. O processo avaliativo constitui-se de possibilidades de atuação de um assessor ou consultor, tanto na elaboração e na execução quanto na análise de alternativas diante dos dados encontrados.
- **Construção de uma nova institucionalidade:** as dificuldades de administração e execução de um programa ou projeto são diversas, e um consultor ou assessor menos experiente pode planejar uma reforma global a fim de manter a execução das ações, porém, atitudes como essa são um tanto quanto utópicas. Dessa forma, é necessário que o profissional considere ações mais específicas e com avanços parciais. Entre as possibilidades de atuação está a construção de processos de gestão única dos programas sociais, de modo que a direção, os objetivos e as modalidades de realização sejam coerentes em relação àquelas que executam o mesmo serviço e às demais políticas públicas, ou seja, para que se evitem fragmentações setoriais e para que se estabeleça uma autoridade para os processos de decisão. A gestão única deve vir associada à descentralização dos serviços, ou seja, os serviços prestados devem estar disponíveis em locais aos quais os beneficiários tenham maior facilidade de acesso. Nem sempre aspectos como esses são visíveis, porém, eles apresentam grande impacto sobre a capacidade operativa dos programas. Outra forma de avançar na institucionalidade é obter a participação dos usuários desde a fase de elaboração, de implementação e de execução dos serviços, gerando neles um maior sentimento de pertencimento ao processo e de adesão, aumentando, consequentemente, as chances de se alcançarem os objetivos pretendidos.

Os serviços prestados por consultorias e assessorias têm possibilitado novas estratégias de atuação profissional que saem do nível de atuação direta com os usuários ou da execução de políticas públicas para um processo de disseminação de conhecimentos, exigindo que o profissional esteja fortemente embasado e qualificado para sua função, relacionando teoria e atividade nesse processo e objetivando a garantia de direitos (Matos, 2009; Gomes, 2015). Vasconcelos (1998), por sua vez, compreende que os processos de assessoria e consultoria constituem-se em alternativas para diminuir a dicotomia entre teoria e prática, pois permitem que o profissional exercite reflexão e ação concomitantemente como unidade.

Nesta seção, você conheceu algumas das possibilidades de atuação do assessor ou consultor. Dessa forma, anteriormente à execução da atividade em si, o profissional deve identificar capacidades, habilidades, conhecimentos e qualificações próprias diante da demanda apresentada. Isso implica planejar com cuidado sua atuação, por meio de uma profunda análise da situação social e do objeto da intervenção, compreendendo aspectos relacionados à localidade espacial e à população-alvo do programa ou projeto, a indicadores e fatores sociais, econômicos, políticos e culturais que influenciam a situação vivenciada, a fim de objetivos e alternativas a serem executadas. O reconhecimento das especificidades do programa ou projeto é de extrema importância para que o profissional não padronize sua atuação, baseando seu trabalho em uma realidade concreta (Kauchakje, 2008).

Reconhecidas as condições concretas do programa/projeto – situação social, recursos e finalidade –, é importante que o profissional assessor ou consultor elabore os objetivos de sua atuação, a qual deverá ser uma espécie de "promessa" que deverá ser cumprida. Esse projeto será apresentado e aprovado por aqueles que o contrataram, para, então, ter a execução de suas atividades iniciadas. No Capítulo 6, analisaremos com mais detalhes os procedimentos de desenho desse processo – desde o seu planejamento até a entrega dos relatórios (Cepal, 1997; Kauchakje, 2008).

Diante do exposto, o campo de assessoria e de consultoria encontra variadas possibilidades, que não se esgotam nas citadas anteriormente e que exigem estratégias muito bem elaboradas para sua execução, as quais dependerão da qualificação, do conhecimento e da experiência do assessor ou consultor.

Neste livro, nosso enfoque reside no processo de avaliação de políticas públicas sociais, por isso, vamos nos debruçar nos assuntos que envolvem tal processo e suas modalidades.

Para saber mais

BRASIL. Lei n. 8.662, de 7 de junho de 1993. **Diário Oficial da União**, Poder Legislativo, Brasília, DF, 8 jul. 1993. Disponível em: <http://www.planalto.gov.br/ccivil_03/leis/L8662.htm>. Acesso em: 25 jun. 2019.

Assessoria e consultoria são funções inerentes a várias profissões, tais como as relacionadas ao direito e ao serviço social. Muitas dessas profissões consideram tais atribuições como instrumentos próprios da categoria profissional. Dessa forma, os Conselhos Federal e Regionais de Serviço Social compreendem que a prestação desses serviços é ferramenta relevante de como forma de acompanhar processos de trabalho que deverão apontar para alternativas do projeto. A Lei n. 8.662/1993, que regulamenta a profissão do Assistente Social, define, em seu art. 5º, que, entre as atribuições privativas do Assistente Social, está "III - assessoria e consultoria e órgãos da Administração Pública direta e indireta, empresas privadas e outras entidades, em matéria de Serviço Social" (Brasil, 1993).

Síntese

Neste capítulo, apresentamos as diferenças e as semelhanças dos trabalhos de assessoria e de consultoria, funções associadas ao ato de auxiliar, ajudar e orientar em programas e projetos de diferentes tipos de organizações. Ambos se constituem em prestação de serviço independente, visando identificar e investigar problemas institucionais e indicar estratégias mais adequadas para solucioná-los. A assessoria fundamenta-se na assistência teórica e técnica para articular e preparar a construção de um projeto de atuação de forma mais abrangente. A consultoria, por sua vez, presta um serviço mais pontual e especializado, a fim de que este ofereça um parecer sobre uma temática específica.

Ressaltamos que serviços como estes na área social são relativamente recentes e que, diferentemente de outras áreas, é importante ponderar sobre os reais objetivos da solicitação, suas possibilidades de atuação e o relacionamento dessas demandas com os pilares constitucionais da proteção social e da garantia de direitos. Aprofundando o olhar para a área social, diferenciamos os conceitos de políticas públicas, programas e projetos, os quais estão interligados e representam níveis de abrangência da intervenção social.

Também destacamos quatro elementos fundamentais para discutir a profissão de consultoria e assessoria: razões para contratação desse tipo de serviço, seus tópicos essenciais, atributos e qualidades dos profissionais e possibilidades de atuação.

Analisamos, ainda, algumas questões essenciais ao desenvolvimento dos processos de assessoria e de consultoria, referentes à necessidade de se compreender em profundidade as possíveis demandas de atuação em cada realidade para a qual ocorreu a contratação. Para tanto, deve-se estabelecer um contato sistemático com gestores e demais profissionais, de modo que se viabilizem a construção de estratégias conjuntas e a criação de uma colaboração na qual os contratantes tenham plena autonomia para tomar decisão de executar ou não o que foi proposto. Em geral, um consultor ou assessor precisa mostrar uma gama de alternativas de ação e ser honesto em seu posicionamento sobre os caminhos apontados.

Examinamos também os atributos requeridos do profissional (assessor ou consultor), tais como: comportamentais (organização, confiança, independência, automotivação e comprometimento), habilidades (desenvolvimento técnico metodológico e de comunicação), conhecimentos específicos (sustentação intelectual e aprimoramentos teórico e prático), experiência (base educacional e diferenciais, demonstração de trabalhos prévios) e ética (princípios e valores sólidos relacionados com limites e alcances do trabalho) – qualidades estas que devem sempre estar inter-relacionadas.

Tendo em vista tais aspectos mais gerais, identificamos as diferenças na atuação de assessoria e de consultoria na área social, cujo desenvolvimento recente tem permitido novas estratégias de desempenho profissional. Ambas são de atuação indireta e de prestação de serviço e envolvem uma avaliação panorâmica sobre os projetos e os programas para além da execução e do gerenciamento direto das ações, favorecendo, assim, perspectivas externas articuladas teórica e praticamente em prol do aperfeiçoamento da aplicação concreta.

Questões para revisão

1. Discorra sobre as semelhanças e as diferenças entre os conceitos de assessoria e de consultoria.

2. Explique quais são as possibilidades de atuação de um assessor ou consultor na área social.

3. Assinale a alternativa que apresenta apenas características desejáveis a um assessor ou consultor:
   a) Organização, dependência institucional e princípios éticos.
   b) Sustentação teórica e habilidades práticas não relacionadas à demanda.
   c) Habilidades relacionais e utilização de linguagem rebuscada.
   d) Desenvolvimento técnico e metodológico, comprometimento e valores éticos.
   e) Experiência profissional e aptidão para replicar metodologias.

4. Os processos de assessoria e de consultoria na área social são recentes. Assinale a alternativa que retrata os diferenciais dessa atuação:
   a) A área social apresenta os mesmos objetivos de áreas como administração e economia ao prestar assessoria e consultoria.
   b) Processos de assessoria e de consultoria na área social têm possibilitado novas alternativas de atuação, com contato direto ao usuário.
   c) A atuação na área social deve propor a reflexão sobre a busca de direitos.
   d) Tanto a assessoria quanto a consultoria preveem dicotomia entre teoria e prática.
   e) Por serem recentes, ainda há poucas configurações e perspectivas teórico-metodológicas para os processos de assessoria e de consultoria na área social.

5. Sobre as diferenças entre os conceitos de políticas públicas, programas e projetos sociais, assinale a alternativa correta:
   a) A diferenciação entre os termos *política*, *programas* e *projetos* diz respeito ao grau de abrangência de intervenção e planejamento.
   b) O conceito de política é simples e pouco abrangente.
   c) A política pública restringe-se a políticas governamentais, que são executadas por organizações públicas.
   d) Programas e projetos vão delinear os aspectos menos operacionais do processo.
   e) Os programas sociais devem ser executados sem a necessidade de estar vinculados a uma política.

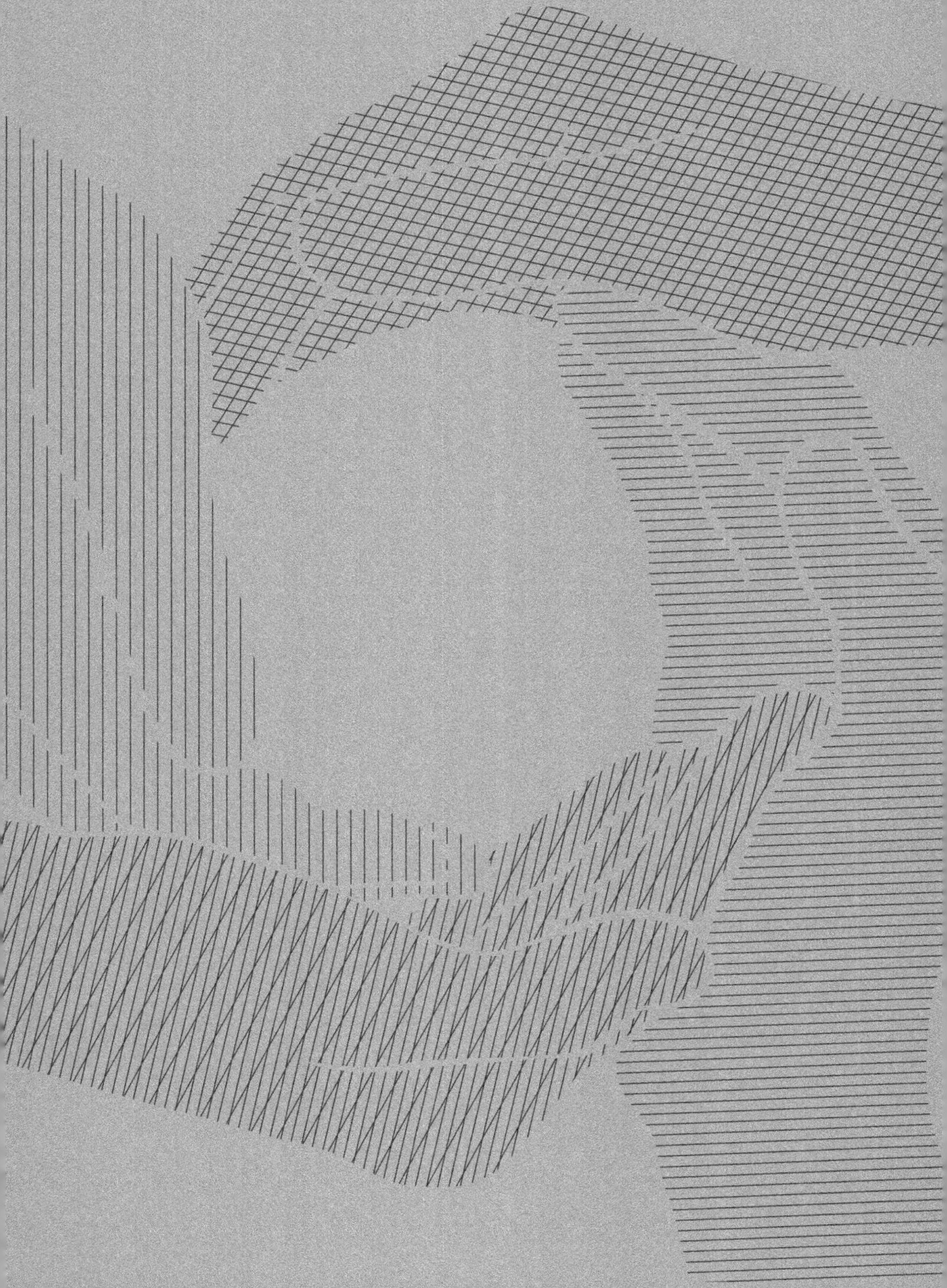

CAPÍTULO 2

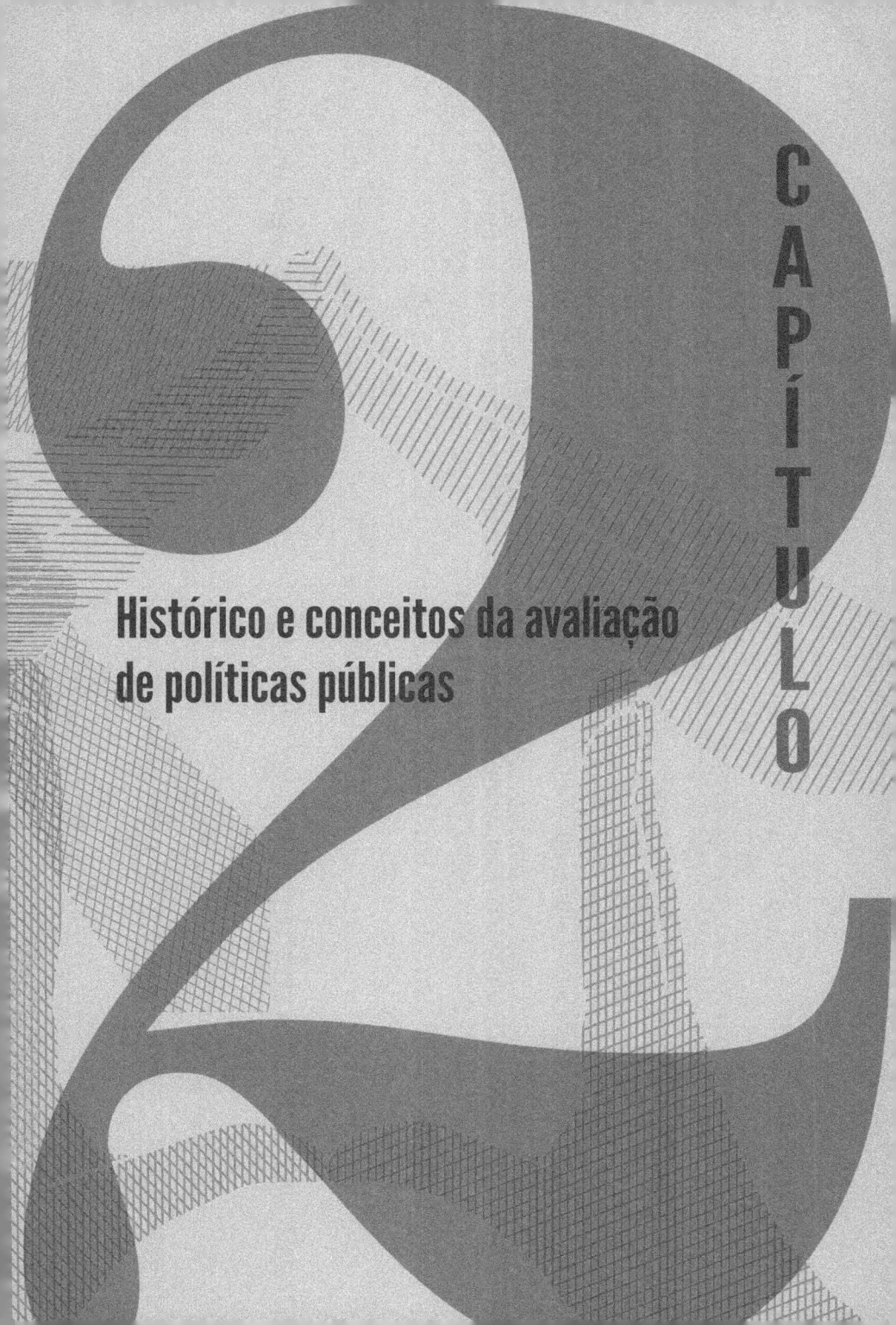

Histórico e conceitos da avaliação de políticas públicas

Conteúdos do capítulo:

- Histórico da avaliação de políticas públicas.
- Ciclo de políticas e processo avaliativo.
- Modalidades avaliativas.
- Conceitos de avaliação e monitoramento.
- Breve introdução ao conceito de indicadores.

Após o estudo deste capítulo, você será capaz de:

1. contextualizar historicamente a avaliação de políticas públicas;
2. discorrer sobre as modalidades avaliativas do ciclo de políticas;
3. diferenciar as definições do processo avaliativo;
4. conceituar avaliação e monitoramento;
5. entender a relação entre indicadores e processo avaliativo.

Uma das possibilidades de atuação na área de políticas públicas é a avaliação de políticas, programas e projetos. Neste capítulo, aprofundaremos a análise sobre o desenvolvimento da área de avaliação de políticas públicas. O panorama temporal aponta para imbricações com outras disciplinas – sociologia, ciências políticas, psicologia social etc. – e contextos históricos que podem ser aprofundados conforme o interesse na área. Abordaremos o tema em três principais pontos: histórico; ciclo de políticas relativo à proposta avaliativa; e conceitos recentes sobre o processo avaliativo (avaliação, monitoramento e indicadores sociais).

2.1 Histórico

O processo avaliativo de políticas públicas passou a ter maior relevância por volta dos **anos 1960**, nos Estados Unidos. Isso não significa que esse assunto não era estudado anteriormente, mas que análises sobre esse tema tornaram-se mais relevantes a partir dessa época (Ramos; Schabbach, 2012). De acordo com Faria (2005), há certo consenso de que houve quatro gerações sucessivas que representam o desenvolvimento da política de avaliação e políticas públicas:

> (1) um início com um viés mais técnico, no período do New Deal; (2) uma "geração" mais "descritiva", predominante desde a Segunda Guerra Mundial até meados da década de 1960; (3) uma que enfatizava a oferta de "julgamentos" abalizados, prevalecente entre meados dos anos de 1960 e meados da década seguinte, ou seja, quando da avaliação dos polêmicos programas da "Guerra à Pobreza" (*War on Poverty*) e da "Grande Sociedade" (*Great Society*); e, finalmente, (4) uma "geração" "reativa", característica dos anos Reagan. (Faria, 2005, p. 98)

Mas o que aconteceu nesse período para que o estudo sobre avaliação de políticas públicas se popularizasse?

Nessa época, pós-Segunda Guerra Mundial, havia a necessidade de caracterizar os elementos das ciências sociais que estavam envolvidos no enfrentamento dos problemas sociais característicos daquele período de urbanização, industrialização e ação do Poder Público, tendo em vista as graves consequências da guerra. Outros eventos também auxiliaram que o estudo dos efeitos e da eficiência das políticas ganhasse relevância, como as ações de combate à pobreza, a Guerra do Vietnã, a crise do petróleo, entre outros que proporcionaram aprendizado e criaram a necessidade de compreender as políticas públicas de maneira mais complexa e dentro de um processo de tomada de decisões (Mainardes; Ferreira; Tello, 2011).

Nesse contexto, a preocupação inicial estava relacionada a aspectos científicos da área, definindo-se e estudando conceitos sobre a efetividade das soluções dos problemas sociais. Entre os teóricos mais importantes dessa época estão o filósofo Michael S. Scriven e o psicólogo Donald T. Campbell (Mainardes; Ferreira; Tello, 2011; Simões, 2015). Diversos conceitos foram consagrados nessa época, tais como avaliação somativa e formativa, validade interna e externa, entre outros. No "início da massificação da avaliação nos Estados Unidos, na década de 1960, a pesquisa avaliativa era encarada predominantemente como ferramenta de planejamento destinada aos formuladores de políticas e aos gerentes de mais alto escalão" (Faria, 2005, p. 98). Assim, o desenvolvimento da área de avaliação de políticas e programas sociais esteve, desde o início, associado ao processo de formulação de políticas, por isso, não parece estranho que predominasse o paradigma *top down*, ou seja, voltado às decisões do alto escalão que produzia e avaliava os programas para adequar-se aos propósitos da elite burocrática e política (Faria, 2005; Boschetti, 2009; Ramos; Schabbach, 2012; Simões, 2015).

Os estudiosos passaram a se preocupar com a pesquisa avaliativa em si e com sua utilização como ferramenta de planejamento político e social para melhoria do desempenho das ações, subsidiando aqueles que formulavam e decidiam as políticas e os programas sociais (Ramos; Schabbach, 2012; Simões, 2015).

Já nos **anos 1970**, o paradigma *top down* passou a ser intensivamente questionado, fazendo emergir discussões metodológicas de modelo *bottom up*, ou seja, que olhavam para os executores das políticas e para o modo como aqueles que a implementavam mudavam seu desenho e reconstruíam os programas e as políticas. *Top down* e *bottom up* são perspectivas de como olhar o ciclo de políticas tanto como pensar como se deve avaliá-las (Boschetti, 2009; Ramos; Schabbach, 2012; Simões, 2015). Voltaremos ao debate sobre ciclo de políticas na próxima seção.

No início das propostas avaliativas, predominava o pensamento da racionalidade técnica, com ênfase na utilização de metodologia linear, experimental, randomizada e controlada. Supunha-se que as questões sociais poderiam ser estudadas por métodos científicos rígidos e neutros, preferencialmente quantitativos (Farah, 2011; Ramos; Schabbach, 2012; Simões, 2015). Essa perspectiva de experimentação na formulação de políticas promoveu inovações na busca por soluções de problemas e auxiliou que o processo de tomada de decisão dos *policymakers* – aqueles que elaboram e criam as políticas – estivesse embasado em informações concretas sobre a realidade. Alguns dos principais autores da fase da década de 1970 são Weiss, Wholey e Stake, os quais dariam ênfases diferentes para o processo de avaliação, entre elas estão a preocupação com a causa dos problemas sociais e a melhor forma de intervir; o aperfeiçoamento dos programas; e o processo de implementação dos programas (Farah, 2011; Simões, 2015).

Nesse momento, acreditava-se que seria possível isolar os reais efeitos das intervenções de ruídos provocados por falhas no desenho das avaliações e que os dados fornecidos seriam suficientes para influenciar as tomadas de decisão ou, ainda, que avaliações experimentais poderiam refletir o que acontecia na implementação prática de programas e políticas. Outro problema de admitir demasiadamente a racionalidade técnica de metodologias avaliativas experimentais era imaginar que as decisões políticas poderiam ser exclusivamente técnicas, e não vinculadas ao próprio jogo político de negociações, legítima defesa de interesses, acordos e debates políticos (Simões, 2015).

Essa ingênua ideia de que a técnica é suficiente para a tomada de decisões leva ao questionamento mais forte, já nas **décadas de 1980 e 1990**, do modelo positivista e das tendências tecnicistas de avaliação e formulação de políticas públicas. Múltiplas abordagens começam a se preocupar com as discussões sobre a finalidade das políticas, seus resultados e a influência do que se quer chegar com a avaliação, ou seja, indagar o propósito da própria avaliação e assumir que ela, em si, não influi diretamente no jogo político (Boschetti, 2009; Mainardes; Ferreira; Tello, 2011; Simões, 2015).

Esses novos referenciais têm como perspectiva a complexidade do processo político e uma variedade de contextos e de aspectos relacionados à eficácia, à eficiência e à efetividade dos programas sociais. Assim, além de a avaliação preocupar-se com o fenômeno de causa e efeito entre intervenção e resultado, também procura discutir a descrição do processo de implementação de políticas e seu efeito nos resultados (Mainardes; Ferreira; Tello, 2011; Ramos; Schabbach, 2012).

As críticas ao longo do tempo mostram que o método experimental não seria suficiente, o que não significa que se deveria prescindir dele. Para responder ao processo como um todo, deve-se ampliar e proporcionar uma variedade de metodologias, que devem estar adequadas às perguntas que se pretende responder. A avaliação como conhecemos hoje tem o propósito tanto de instrumentalizar o gestor na tomada de decisão quanto de produzir conhecimento sobre os problemas sociais (Simões, 2015).

Faria (2005) comenta que a institucionalização das funções de avaliação ao longo do tempo ocorreu como informativa, realocativa e legitimadora. Em certo momento, é possível que tenha sido associada demasiadamente às propostas de reforma do setor público, enfatizando mais sua característica realocativa, como defende Derlien (2001, citado por Faria, 2005). Essa visão, muitas vezes, ao associar a avaliação aos processos de desmonte do setor público, descarta outras questões de importância dos processos avaliativos. Faria (2005) aponta para o cuidado de entender a avaliação como algo mais amplo, que não está associado a uma única cultura de gestão pública, devendo, assim, refletir propósitos e alcances que cada tipo de avaliação pode ter e almejar. Para pensar que a avaliação de políticas e programas sociais pode muito bem se encaixar nos objetivos de controle social, de transparência das ações da Administração Pública e na responsabilização da burocracia e de agentes públicos para com as demandas dos cidadãos.

2.1.1 Avaliação de políticas públicas no Brasil

Melo (1998) esclarece que, desde que começaram a surgir as primeiras políticas sociais no Brasil, de incorporação e integração social – na Era Vargas – havia discussões sobre como seriam tomadas as decisões para implementação dessas políticas. Porém, essas discussões eram um instrumento de integração a fim de viabilizar o processo de industrialização e de caráter clientelista, não tendo como objetivo reduzir as taxas de iniquidade. No regime militar, as decisões quanto às políticas sociais a serem adotadas deslocaram-se para a questão do desenvolvimento econômico. Portanto, o processo de tomada de decisão não estava relacionado a um processo avaliativo.

Na prática, o processo de institucionalização da avaliação aconteceu no Brasil, assim como na América Latina, após o processo de redemocratização – no fim da década de 1980 e início da década de 1990 –, passando a reconhecer a intervenção pública na área social e a necessidade de avaliar sua qualidade e eficiência (Rodrigues, 2008; Ramos; Schabbach, 2012).

A Constituição Federal de 1988 (Brasil, 1988) foi um importante ponto de partida para a evolução da avaliação de políticas no Brasil. Seu texto menciona a necessidade de realizar avaliações para controle interno da gestão pública, por meio de análise de conformidade das estruturas, dos processos e dos resultados com o estabelecido em lei.

No período pós-constituinte, ainda era possível observar a "perda da capacidade do governo de implementar decisões, seguida de uma paralisia decisória e fragmentação decisória" (Melo, 1998, p. 20). Isso acontecia porque o país passava por uma redefinição de papel do Estado, com novos atores e reivindicações advindos da nova Constituição, para chegar a um padrão de *governance*, ou seja, um bom uso dos recursos humanos e materiais para o desenvolvimento (Melo, 1998; Ramos; Schabbach, 2012).

Ramos e Schabbach (2012) afirmam que, no fim do século XX, houve diversos acontecimentos que fomentaram a demanda por avaliações no Brasil, tais como: crise fiscal, o que resultou em busca de maior eficiência nos gastos; redução nas receitas financeiras dos governos; crescimento da desigualdade social e, consequentemente, aumento da procura por programas sociais públicos; falta de planejamento, ou seja, não havia informações e avaliações para subsidiar as decisões; e pressão dos organismos financiadores sobre os resultados dos programas financiados.

Diante desse contexto, teve início um abrangente movimento de reforma de Estado, conhecido como *Nova Gestão Pública* (ou *New Public Management*), que definiu o papel do Estado, modernizando a gestão pública por meio da implantação de mecanismos de gestão e ampliação das políticas públicas. Nesse movimento a avaliação de políticas passou a ganhar lugar de destaque (Faria, 2005; Farah, 2011).

Como foi possível observar, diversos fatores impulsionaram uma nova geração de estudos na pesquisa de avaliação de políticas públicas mais adequadas à realidade, com propostas de abordagens alternativas a fim de aumentar a probabilidade de sucesso de programas (Arretche, 2001; Rodrigues, 2008; Farah, 2011). Essa avaliação passa a ser compreendida como fonte de "conhecimento dos resultados de um dado programa ou projeto, informação essa que pode ser utilizada para melhorar a concepção ou a implementação das ações públicas, fundamentar decisões, promover a prestação de contas" (Ramos; Schabbach, 2012, p. 1.273).

O processo histórico de avaliação de políticas públicas é relativamente recente, e não pode ser compreendido como linear e universal. Cada momento apresentou novas demandas que contribuíram para que a discussão sobre o tema avançasse. Boschetti (2009) ressalta que as políticas sociais são de suma importância para a efetivação do Estado Democrático de Direito, e a avaliação de uma política social é um instrumento para compreender a realidade em sua totalidade e dinamicidade a fim de promover direitos.

Para saber mais

FARIA, C. A. P. A política da avaliação de políticas públicas. **Revista Brasileira de Ciências Sociais**, v. 20, n. 59, p. 97-109, 2005. Disponível em: <http://www.scielo.br/pdf/%0D/rbcsoc/v20n59/a07v2059.pdf>. Acesso em: 25 jun. 2019.

Você deve ter notado que há muitas nuances no entendimento histórico da avaliação de políticas. Carlos Aurélio Pimenta Faria discute os diferentes aspectos que influenciaram o processo de estabelecimento da avaliação de políticas públicas no Brasil. O artigo apresenta uma análise crítica ao histórico de avaliação, reconhecendo-o como processo dialético e multifacetado que envolve aspectos políticos, acadêmicos, de processos de decisão e implementação complexos. Vale a pena conferir.

2.2 Ciclo de políticas e processo avaliativo

O desenvolvimento histórico dos processos avaliativos de políticas públicas e seus programas está intrinsecamente relacionado ao ciclo das políticas ou ciclo de programas. O que chamamos de *ciclo* é o que se convencionou para sistematizar o processo da elaboração das políticas públicas, ou seja, trata-se de um esquema visualizável de etapas sequenciais e interdependentes. O modelo já foi adaptado, refeito e criticado, em especial porque as etapas muitas vezes misturam-se e não se completam integralmente de maneira sequencial, não refletindo a real dinâmica das políticas. Contudo, esse esquema visual ainda se constitui como um parâmetro didático e como recurso de análise para discutir o processo de construção da intervenção pública.

Adota-se o ciclo de políticas e cada uma de suas etapas para discutir processos avaliativos diferentes, de modo a obter diferentes conceitos envolvidos nessa área. Alguns estudos divergem quanto ao número exato de etapas do ciclo das políticas, pois uns o simplificam e outros o detalham, mas há pontos convergentes e, por isso, vamos utilizar uma adaptação própria do ciclo de políticas fundamentada nas propostas por Frey (2000), Jannuzzi (2011) e Simões (2015). O ciclo que analisaremos é composto por cinco etapas: (1) percepção e definição de problemas; (2) *agenda setting*; (3) elaboração de programas e tomada de decisão; (4) implementação de políticas; e (5) avaliação de políticas. Como define Parada (2006), cada parte desse processo apresenta uma dinâmica, que pode ter relação assimétrica e com duração diferente entre eles, portanto, esse modelo deve ser entendido com base em seu contexto analítico.

A Figura 2.1, a seguir, demonstra esse ciclo. Utilizamos a numeração das etapas como forma didática para sua compreensão, não se deve, portanto, estabelecê-las como estanque ou como início-fim. Trata-se um recurso dinâmico, que não tem ponto de partida ou de chegada definidos (Cavalcanti, 2006). A figura também contempla o tipo de avaliação que está relacionada a cada etapa do ciclo, assunto que discutiremos em seguida.

> Adota-se o ciclo de políticas e cada uma de suas etapas para discutir processos avaliativos diferentes, de modo a obter diferentes conceitos envolvidos nessa área.

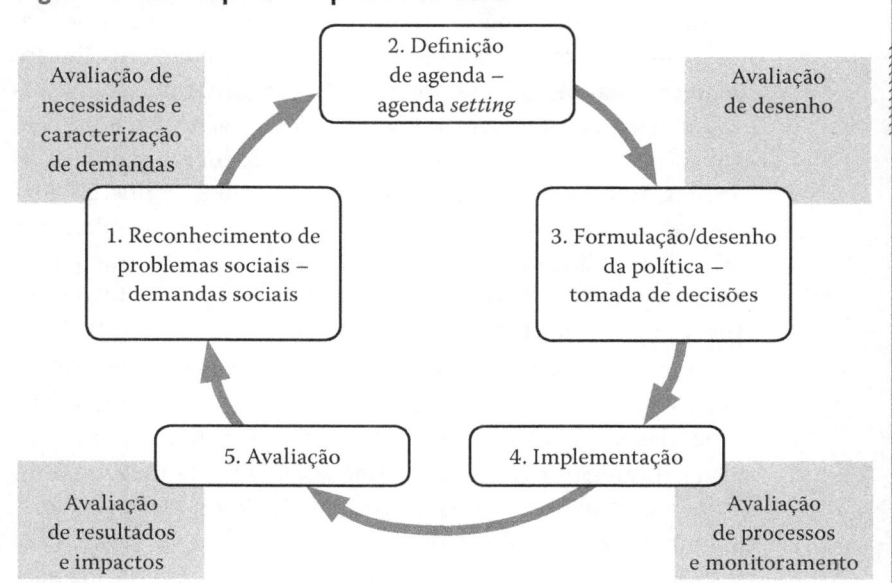

Figura 2.1 – Ciclo de políticas e processo avaliativo

- Avaliação de necessidades e caracterização de demandas
- Avaliação de desenho
- Avaliação de processos e monitoramento
- Avaliação de resultados e impactos

1. Reconhecimento de problemas sociais – demandas sociais
2. Definição de agenda – agenda *setting*
3. Formulação/desenho da política – tomada de decisões
4. Implementação
5. Avaliação

Como é possível observar, todas as etapas estão intrinsicamente relacionadas e apresentam características diferentes, que vão fornecer informações específicas do estágio em que se encontra o programa (Cavalcanti, 2006; Jannuzzi, 2011, 2016; Simões, 2015). Vamos detalhar todas as etapas a seguir.

1. **Identificação/reconhecimento dos problemas sociais**
   Essa fase de percepção e definição de problemas diz respeito aos possíveis campos de ação política que darão início ao ciclo de políticas. Assuntos transformam-se em "problemas" a partir de sua relevância social e política, ou seja, quando se cria a possibilidade de ação de uma política pública (Frey, 2000). Subirats (2006) adverte que não existem problemas objetivos, isso significa entender que se propõe um valor ao que é considerado problema e, assim, estruturam-se quais problemas devem ser resolvidos e de que forma.

Essa percepção dos "problemas sociais" pode acontecer tanto por meio de solicitações da sociedade em geral – ou por pequenos grupos sociais ou políticos – como por meio da **avaliação de necessidades**, que também pode ser denominada *avaliação de demandas sociais* e *avaliação diagnóstica*. Nesse tipo de avaliação, são realizados estudos multidisciplinares que identificam regiões, setores e grupos com maior grau de vulnerabilidade e que possam justificar uma intervenção. Também podem ser utilizadas avaliações de impacto provenientes de outras políticas que demonstrem os resultados efetivos e as possibilidades de atuação diante da problemática (Frey, 2000; Duarte, 2013).

Dessa forma, a elaboração de estudos que evidenciem as necessidades sociais qualifica o processo, auxiliando a produção de demandas sociais legítimas e efetivamente coletivas, em oposição a interesses particulares (Nogueira, 2002; Jannuzzi, 2016). Em geral, estudos voltados à necessidade de políticas públicas estão mais relacionados à produção acadêmica e de centros de pesquisa, para captar as demandas de intervenções da sociedade. Ramos e Schabbach (2012) compreendem que tais estudos pretendem analisar aspectos sobre um programa ou política de natureza acadêmica, mais crítica e distanciada, para melhor entendimento do processo político. De acordo com Jannuzzi (2011), podem ser utilizadas diversas metodologias, como análise de fontes de dados já existentes, comparações documentais, recursos e técnicas de avaliação econômica, análises institucionais, entre outros.

Essa seria, então, a primeira ação avaliativa, anterior ao início das atividades, cujo objetivo é promover um olhar crítico e compartilhado sobre determinada realidade, dimensionando e caracterizando a problemática social que passará a ser objeto de intervenção de uma política ou programa social (Marino, 2003; Jannuzzi, 2014). Quanto mais amplo e detalhado o mapeamento realizado nesse momento, mais bem visualizadas serão as questões prioritárias a serem atendidas e, assim, será possível orientar adequadamente as demais etapas do ciclo, para que sejam estruturadas e viabilizadas de acordo com a real necessidade de intervenção (Marino, 2003; Jannuzzi, 2005; Ramos; Schabbach, 2012).

2. **Definição da agenda (ou, em inglês *agenda setting*)**
É o momento no qual será realizada a definição da agenda pública, em que será selecionada uma questão social específica como problema público e, principalmente, quando será decidida sua inclusão, ou seja, se há a necessidade de ação governamental para sua solução (Jannuzzi, 2011; Rua, 2014; Simões, 2015).

A definição da agenda parte da identificação de problemas (etapa anterior), que, por sua vez, é fruto de análises da conjuntura atual, identificando aspectos relevantes para discussão. Esse é um momento de definição, logo, como lembra Parada (2006), nem todas as ideias entram na agenda, assim como nem todos os temas da agenda serão transformados em programas sociais. Quisemos destacar essa etapa como relevante, pois, na arena política, aquilo que entra na agenda governamental define linhas de ação e demarca grupos políticos que vão atuar na construção ou desconstrução do problema colocado. Como dizem Satyro e Cunha (2011, p. 2):

> O fato de que alguns temas são objeto de decisões e de ações políticas concretas em um determinado governo sinaliza sua agenda e suas prioridades. E mais, o fato de uma determinada agenda ter emergido ou a forma como esta agenda foi encaminhada em diferentes governos é fenômeno que precisa ser explicado. Afinal, quando se está discutindo políticas públicas está-se falando de agenda e, portanto, de escolhas feitas: priorização de um rol de questões em detrimento de outro. E estas escolhas são constrangidas pelas instituições, pelos processos políticos e pela ação dos atores relacionados ao tema.

Esse é um processo de definição que envolve atores do alto escalão das políticas públicas no jogo da *politics* – conforme discutimos no Capítulo 1 –, portanto, apresenta pouca ou, até mesmo, nenhuma estrutura avaliativa. A ação avaliativa envolvida nessa etapa ainda está relacionada à etapa anterior de identificação de problemas, em que serão analisadas as problemáticas de necessidades, resolutividade, público-alvo, entre outras questões consideradas relevantes a esses atores.

3. **Formulação de alternativas para a política e tomada de decisão**
   Refere-se à formulação da política na qual se planejam e se desenham possíveis soluções para a problemática, passando por um processo de tomada de decisão técnico-política (Saravia, 2006; Jannuzzi, 2011; Simões, 2015). Depois do processo de decisão de qual problemática será atacada, parte-se para a realização da **avaliação de desenho**, investigando a melhor alternativa de intervenção para a questão apresentada, especificando o modelo, seus objetivos, suas metas, seus encaminhamentos e seus programas para intervir na questão social em pauta (Aguilar; Ander-Egg, 1994; Jannuzzi, 2016).

Esse tipo de avaliação deve promover questionamentos relativos ao funcionamento das estratégias de ação e atividades propostas pelo modelo com relação à sua efetividade diante da demanda pública, se esse é o melhor desenho para a intervenção quando comparado a outros modelos etc. Para tanto, poderá simular possibilidades de ação, examinando a congruência entre meios e objetivos e entre objetivos e metas, bem como aferindo se há organicidade na proposta. Além disso, deve projetar os custos do programa, identificando se são sustentáveis a médio e longo prazo e se o programa deve ser priorizado na agenda estratégica de políticas públicas na atual conjuntura (Aguilar; Ander-Egg, 1994; Cavalcanti, 2006).

Com base na avaliação de desenho, o gestor público poderá ter maior subsídio para escolher, entre as alternativas formuladas, aquela mais apropriada para tentar solucionar o problema social. Esse momento envolve, mais uma vez, uma série de negociações dos atores mais influentes na política e na administração (Frey, 2000; Jannuzzi, 2011; Rua, 2014; Simões, 2015). Tais avaliações são parte de um processo interno e pouco disseminadas, porém, Aguilar e Ander-Egg (1994) afirmam que, na maioria das vezes, esse processo não é realizado e nenhum dos atores envolvidos – tomadores de decisão, formuladores, executores, avaliadores – têm consciência desses elementos.

Duarte (2013) ressalta que esse é um momento de planejamento estratégico e deve ser caracterizado pela racionalidade da ação estatal, promovendo maior eficácia na resolução de problemas.

4. **Implementação**

Consiste no conjunto de ações para alcançar os objetivos pretendidos, ou seja, é o momento de planejar e organizar os recursos necessários (humanos, financeiros, materiais, tecnológicos) para executar a política, culminando na efetivação da ação governamental conforme planejado (Saravia, 2006; Jannuzzi, 2011).

Esse é um processo importante, pois "muitas vezes os resultados e impactos reais de certas políticas não correspondem aos impactos projetados na fase da sua formulação" (Frey, 2000, p. 228).

> Com base na avaliação de desenho, o gestor público poderá ter maior subsídio para escolher, entre as alternativas formuladas, aquela mais apropriada para tentar solucionar o problema social.

Dessa forma, durante a implementação, é possível comparar se o objetivo planejado e os resultados alcançados são congruentes, bem como descrever e explicar como será a política, o programa ou o projeto, seus motivos e resultados.

O processo avaliativo empreendido nessa etapa será a avaliação de processos, que – como veremos mais adiante – corresponde ao **monitoramento** do programa, investigando os problemas críticos que afetam seu funcionamento e o cumprimento de seus objetivos (Arretche, 2001; Jannuzzi, 2016). Esse tipo de avaliação permite que sejam detectados aspectos quanto à qualidade de sua implementação, aos pontos que devem ser aperfeiçoados e quais devem ser potencializados por meio de análises científicas e com base nos dados da realidade (Unicamp, 1999).

Arretche (2001, p. 47) afirma que o programa se modifica no decorrer de sua implementação, sendo "o resultado de uma combinação complexa de decisões de diversos agentes", pois compreende que há uma cadeia de relações que envolvem formuladores, gestores, implementadores, beneficiários, sendo necessário prever uma "incongruência básica de objetivos", pois cada um dos atores envolvidos elegerá objetivos e concepções do programa que nem sempre serão convergentes. Dessa forma, a autora sugere que, para o sucesso da implementação, os formuladores devem elaborar estratégias para incentivar a adesão dos implementadores aos objetivos e às metodologias do programa.

Nesse processo de implementação, as dificuldades ficam ainda mais evidentes, e isso pode ocorrer por diversos fatores, tais como: dificuldades em decorrência de capacidade fiscal e administrativa; outros problemas não previstos na formulação; e, principalmente, distância ou discordância entre os objetivos e as prioridades que foram desenhados pelos formuladores e o que de fato é realizado pelos executores no programa. Esse não é um dado possível de prever nas avaliações de desenho, mas é um fator a ser incorporado na análise do processo e considerado no monitoramento do programa (Unicamp, 1999; Cavalcanti, 2006).

O avaliador não deve ter uma postura ingênua propondo ações avaliativas apenas com base naquilo que foi planejado na etapa de formulação. Ao contrário, é preciso compreender que a implementação acontece em um ambiente mutável, sujeito a diversas interferências, das quais podemos citar recursos, prioridades, vontade e interesses políticos. Isso significa que alterações no comportamento da economia e do contexto político, divergências de objetivos entre os tomadores de decisão, entre outros fatores, podem influenciar na possibilidade do alcance das metas. Assim, o avaliador deve atuar no sentido de identificar os motivos da distância entre o que foi planejado e sua implementação de fato, e não delimitar o sucesso ou o fracasso do programa apenas ao atingimento dos objetivos previstos (Arretche, 2001). É importante considerar sempre que as políticas e os programas podem ser modificados no momento de sua implementação.

> **Questão para reflexão**
>
> Quais as divergências nas políticas, nos programas e nos projetos entre as fases de formulação e de sua implementação?

5. Avaliação

    É o momento de analisar e mensurar se os resultados do que se pretendia estão sendo atingidos ou se é preciso realizar mudanças. O principal questionamento é quanto ao impacto, aos efeitos e às consequências inesperadas que as ações estão produzindo, se há algo para ser modificado, se os resultados estão de acordo com o que foi planejado, os custos das ações, entre outros (Duarte, 2013; Rua, 2014). A partir dos dados da avaliação poderá haver a modificação do programa, a sua suspensão com o fim desse ciclo ou o início de um novo (Frey, 2000).

    O entendimento dessa modalidade denominada *avaliação* está relacionado a um momento específico das etapas do ciclo de uma política ou de um programa de investigação dos impactos e da eficiência, o qual acontece após a etapa de implementação do programa. O propósito está em avaliar os resultados e os efeitos do programa diante dos problemas sociais selecionados, proporcionando reflexão para analisar sua continuidade ou não (Jannuzzi, 2011; Simões, 2015).

As demais etapas do ciclo de políticas têm suas características próprias e contemplam diferentes modalidades avaliativas relacionadas ao monitoramento ou a pesquisas acadêmicas. Logo, o processo avaliativo acompanha cada uma das etapas do ciclo de políticas, possibilitando resultados relevantes e úteis ao final (Jannuzzi, 2016). Jannuzzi (2011) propõe que seja realizado um plano de avaliação que contemple cada etapa do ciclo de vida do programa, pois isso garantiria resultados mais relevantes ao fim do processo. Assim, desde o momento de identificação e reconhecimento dos problemas sociais e da definição da agenda, são realizadas avaliações de necessidade de programas e de custo;

em seguida é investigado o modelo de intervenção proposto por meio da avaliação de desenho; posteriormente, durante o processo de implementação, é realizado o monitoramento do programa; somente depois de verificado se o programa está realizando aquilo a que se pretendia, são avaliados aspectos relacionados a seus impactos, resultados e, por fim, é realizada a avaliação de eficiência, justificando custos de operação do programa.

Conforme discutimos anteriormente, o ciclo de políticas não é linear, ele exige que as informações obtidas em cada etapa retroalimentem o sistema para que se viabilizem tomadas de decisão mais adequadas e para que seja possível retomar todo o processo novamente. Ao realizar um planejamento que garanta que o processo avaliativo acompanhe o ciclo, evidencia-se qual aspecto do programa deve ser analisado com mais cuidado e qual seria abordado em sua consequência, potencializando as chances de se obter informações úteis e relevantes para seu aprimoramento.

Perguntas & respostas

É correto dizer que a retroalimentação proposta no ciclo de políticas acontece após a etapa de avaliação do programa para elaborar novos programas?

A retroalimentação caracteriza todas as etapas do ciclo de políticas. Isso quer dizer que cada etapa faz parte do processo avaliativo que proporcionará que ela seja repensada. Nada impede que, ao realizar a avaliação de processo, observe-se a necessidade de redesenhar o programa, retornando para a etapa anterior. Assim como todas as informações referentes ao processo avaliativo de cada etapa vão subsidiar a análise da próxima e assim por diante. A etapa de avaliação não pode ser vista como a última etapa, ela só é assim considerada porque acontece depois da implementação e embasará o próprio programa a repensar suas estratégias para atingir os impactos esperados, podendo ser parâmetro de comparação para novos programas.

2.3 Processo avaliativo: conceitos recentes

O processo avaliativo é algo amplo e que percorre todo o ciclo de políticas. Como vimos, para cada etapa, há uma modalidade avaliativa diferente que analisará aspectos relevantes para cada momento do ciclo, oferecendo dados e resultados específicos para a tomada de decisão.
Pense na definição da palavra *avaliação*, mesmo que no sentido mais informal. Provavelmente, você pensou em algo que envolve julgamento e atribuição de valor. Esse é um dos conceitos mais clássicos da literatura em avaliação. Porém, no processo avaliativo de políticas, programas e projetos sociais, a determinação de valor que normalmente define esse processo deve acontecer de forma sistemática e objetiva, utilizando-se de metodologias empíricas, ou seja, aplicando conhecimentos e regras do método científico (Aguilar; Ander-Egg, 1994; Jannuzzi, 2014).
Porém, é preciso considerar que o termo *avaliação* é polissêmico, ou seja, permite múltiplas utilizações em diferentes sentidos. As definições na literatura são diversas, partindo de diferentes modelos conceituais e paradigmas que vão utilizar o termo de acordo com os aspectos que consideram mais importantes em cada perspectiva (Ramos; Schabbach, 2012; Jannuzzi, 2014). Portanto, encontraremos o termo *avaliação* sendo utilizado em diversos contextos, desde os mais informais até os acadêmicos, envolvendo processos gerenciais e operacionais, como sinônimo de outros termos, a exemplo de monitoramento, acompanhamento e formulação de políticas.
Entendendo o uso polissêmico da expressão *avaliação* e procurando esclarecê-lo didaticamente, estreitaremos algumas definições, pois há diferenças conceituais importantes entre os termos relacionados. Assim, a expressão *processo avaliativo* será utilizada para compreender todas as modalidades avaliativas

contempladas em cada uma das etapas do ciclo de políticas. Dessa forma, o conceito genérico de *avaliação* que vimos anteriormente, na verdade, é a definição de processo avaliativo, ou seja, a determinação de valor que, normalmente, deve acontecer de forma sistemática e objetiva, utilizando-se de metodologias empíricas.

Faria (1998, p. 42) compreende o processo avaliativo por meio de três dimensões: metodologia, finalidade e papel:

- do ponto de vista metodológico, a avaliação é uma atividade que obtém, combina e compara dados de desempenho com um conjunto de metas escalonadas;
- do ponto de vista da sua finalidade, a avaliação responde a questões sobre eficácia/efetividade dos programas e, neste sentido, sua tarefa é julgar e informar;
- do ponto de vista de seu papel, a avaliação detecta eventuais falhas e afere os méritos do programa durante sua elaboração.

Nas palavras de Jannuzzi (2014, p. 26) esse processo pode ser compreendido como o

> conjunto de procedimentos técnicos para produzir informação e conhecimento, em perspectiva interdisciplinar, para desenho ex-ante, implementação e validação ex-post de programas e projetos sociais, por meio das diferentes abordagens metodológicas da pesquisa social, com a finalidade de garantir o cumprimento dos objetivos de programas e projetos (eficácia), seus impactos mais abrangentes em outras dimensões sociais, ou seja, para além dos públicos-alvo atendidos (efetividade) e a custos condizentes com a escala e complexidade da intervenção (eficiência).

Essa definição indica um conceito generalista que envolve todo o ciclo de políticas: desde o desenho do programa até sua validação. Para tanto, o processo avaliativo deve ter caráter científico e utilizar instrumentos de análise e coleta de dados que se aproximem da realidade e daquilo que se deseja extrair dela, características principalmente das modalidades de monitoramento e avaliação. Tal análise, porém, não deve se confundir com a simples aplicação de técnicas e instrumentos, mas a de propor uma reflexão intencional sobre o ciclo de políticas, gerando uma retroalimentação, de modo que seja possível escolher entre programas e projetos de acordo com sua eficácia e eficiência e corrigir ou reorientar as ações visando a seu aprimoramento. Como característica essencial, o processo avaliativo deve identificar se as políticas públicas estão realizando aquilo a que se propõem: expandir direitos, reduzir a desigualdade social e propiciar a equidade (Arretche, 1998; Boschetti, 2009; Ramos; Schabbach, 2012).

Assim, o enfoque desse processo avaliativo mais amplo será principalmente com relação a dois conceitos: monitoramento e avaliação. Não se trata de desconsiderar as modalidades de avaliação de necessidades e de avaliação de desenho, porém, muitas vezes são elaboradas por meio de estudos acadêmicos e distanciadas da operacionalização das políticas em si. Adicionalmente, para efetivar as tarefas desses conceitos, entram em cena as ferramentas de mensuração que possibilitam os programas: os indicadores. Veremos esses três conceitos de forma sintética e, posteriormente, eles serão desenvolvidos em capítulos específicos. Fique atento!

> O processo avaliativo deve identificar se as políticas públicas estão realizando aquilo a que se propõem: expandir direitos, reduzir a desigualdade social e propiciar a equidade.

2.3.1 Conceito de avaliação

Agora que contextualizamos que a avaliação como uma das modalidades do processo avaliativo, vamos ao que interessa: o que é avaliação?

Para responder a essa pergunta, retomaremos o ciclo de políticas. Os processos considerados como avaliação estão vinculados à etapa posterior à implementação. Ramos e Schabbach (2012) afirmam que a *avaliação* é um exame sistemático de um programa ou projeto a fim de determinar eficiência, efetividade, impacto, sustentabilidade e relevância de seus objetivos.

Como é possível observar em Arretche (1998, p. 31), a "particularidade da avaliação de uma política pública consiste na adoção de métodos e técnicas de pesquisa que permitam estabelecer uma relação de causalidade entre um programa x e um resultado y, ou ainda, que na ausência do programa x não teríamos o resultado y".

Com base nas definições apresentadas, é possível identificar algumas características importantes. A primeira delas está relacionada ao conceito de processo avaliativo, definido pelos seus elementos valorativos e de julgamento. Dessa forma, *avaliar* significa emitir um juízo de valor ao que está sob exame de forma objetiva e por meio de análise científica da realidade (Aguilar; Ander-Egg, 1994; Ramos; Schabbach, 2012).

Outra característica é que, nessa modalidade avaliativa – de avaliação –, será assinalado o valor, especialmente, quanto a justiça social, eficiência, redução de custos, equidade, entre outros. Isso implica estabelecer uma relação entre o programa e seu resultado e, a partir dessa análise, promover a reflexão sobre os fatos para direcionar ações e aprender pelas experiências (Arretche, 1998; Marino, 2003).

Por fim, é possível afirmar que o principal diferencial dessa modalidade é investigar uma relação de causa e efeito, que está relacionada, principalmente, aos processos de avaliação de resultados, de impacto e de eficiência (a serem abordados no Capítulo 5).

2.3.2 Conceito de monitoramento

Um dos elementos do processo avaliativo é o monitoramento de políticas, programas e projetos. Como já esclarecemos, a avaliação está relacionada ao processo pós-implementação, dessa forma, a modalidade avaliativa de monitoramento abrange as etapas relacionadas à formulação e à implementação do programa, que envolvem as avaliações de desenho e de processo.

O conceito de monitoramento é mais processual se comparado ao de avaliação. Ele refere-se a uma atividade gerencial interna e tem como principais características ser sistemático, contínuo e embasado em um conjunto restrito de informações. Seu objetivo é possibilitar uma rápida análise situacional do programa, a fim de aperfeiçoá-lo, tendo como principal diferencial o fato de ser realizado durante a execução e a operação do programa (Nogueira, 2002; Jannuzzi, 2014).

O *monitoramento* é uma espécie de supervisão da implementação da política, que possibilita visualizar a evolução do programa, com o objetivo de dimensionar como a intervenção está sendo executada (Saravia, 2006). As questões a serem examinadas estão relacionadas ao processo de implementação, verificando fragilidades e interferências em ações, processos e consecução dos objetivos previstos (Nogueira, 2002; Ramos; Schabbach, 2012).

O principal objetivo, então, é subsidiar uma intervenção pontual e corrigir algo para que se alcancem os resultados, como recomendar o ajuste do plano ou das condições operacionais (Ramos; Schabbach, 2012; Jannuzzi, 2014).

Nessa perspectiva, a modalidade de monitoramento é um processo que exige o registro regular de sua execução, organizando dados sobre metas iniciais, indicadores e resultados associados ao que está sendo controlado (Boullosa; Araújo, 2010; Ramos; Schabbach, 2012). Tais dados devem estar organizados e relacionados aos processos concretos, indicando instrumentos que serão utilizados para registro das ações desenvolvidas e que estejam relacionados aos indicadores que demonstrem a evolução da intervenção (Nogueira, 2002).

> O monitoramento é uma espécie de supervisão da implementação da política, que possibilita visualizar a evolução do programa.

Ramos e Schabbach (2012, p. 1.280) listam alguns desafios para um bom monitoramento: "identificar os objetivos que o programa ou estratégia busca alcançar; elaborar indicadores que possam indicar o progresso em relação às metas; fixar metas quantitativas e temporais para cada indicador".

Você consegue identificar as diferenças entre avaliação e monitoramento? Observe o Quadro 2.1, a seguir, que distingue a caracterização de cada uma dessas modalidades.

Quadro 2.1 – Diferenciação entre avaliação e monitoramento

Características	Modalidades avaliativas	
	Avaliação	Monitoramento
Momento	Antes da intervenção e da pós-intervenção, para comparação – resultado do impacto apenas após intervenção.	Durante a implementação.
Frequência	Pontual e episódico.	Regular e contínuo.
Ciclo de política	Avaliação.	Formulação e implementação.
Objeto	Efeitos e impactos do programa.	Processo e funcionamento.
Objetivo	Estabelecer relação de causa e efeito.	Intervir nas condições operacionais.
Principais propósitos	Investigar a efetividade e o impacto do programa. Auxiliar tomadas de decisão de futuros programas.	Melhorar eficiência do funcionamento do programa. Auxiliar na tomada de decisão sobre a intervenção.

Jannuzzi (2014) entende que o monitoramento e a avaliação são processos articulados e complementares, com o objetivo de oferecer informações sobre a política, o programa e o projeto que está em exame.

2.3.3 Conceito de indicadores

Os indicadores não fazem parte da composição do processo avaliativo, ou seja, não se propõem a realizar uma análise específica de alguma etapa do ciclo de políticas. Porém, eles são os principais instrumentos que vão fornecer as informações necessárias para identificar os fatores que merecem atenção no processo de monitoramento e avaliação.

Jannuzzi (2014) utiliza diversas metáforas no intuito de definir indicadores, uma delas é compará-los aos termômetros, ou seja, a medidas que indicam normalidade ou "febre" dos aspectos da realidade considerados mais relevantes e que o programa deseja atingir, permitindo acompanhar periodicamente a evolução desses fatores objetivos a cada situação. Os indicadores são instrumentos que possibilitam identificar a realidade social de forma objetiva, por meio de taxas, proporções etc.

Dessa forma, para cada uma das etapas do ciclo são utilizados indicadores específicos, que vão subsidiar a análise do processo.

É imprescindível que, desde o momento do desenho do programa, sejam selecionados os indicadores que melhor representarão os componentes-chave para uma análise adequada quanto ao processo e aos objetivos a serem alcançados (Jannuzzi, 2016).

> **Os indicadores são instrumentos que possibilitam identificar a realidade social de forma objetiva, por meio de taxas, proporções etc.**

O conceito, a classificação e a utilização dos indicadores serão abordados com mais profundidade no Capítulo 3.

Síntese

Neste capítulo, apresentamos três aspectos introdutórios relacionados ao processo avaliativo: histórico; modalidades avaliativas contempladas em cada etapa do ciclo de políticas; e definição dos conceitos de avaliação, monitoramento e indicadores.

O processo histórico da avaliação expandiu-se após a Segunda Guerra Mundial, quando as análises sobre esse tema passaram a ser mais relevantes. No Brasil, esse processo só aconteceu a partir da década de 1980. Com o decorrer do tempo, as discussões sobre o assunto foram ampliadas, estabelecendo-se conceitos, metodologias e objetivos diferentes de acordo com o momento político e as novas demandas sociais. Dessa forma, a avaliação – tanto o conceito quanto as metodologias e o uso – não está associada a uma única cultura de gestão pública, sendo ampliada e refletindo propósitos que cada tipo de avaliação pode ter e almejar.

O entendimento atual sobre avaliação está relacionado ao ciclo de políticas, um esquema visualizável de etapas sequenciais e interdependentes que sistematiza a elaboração das políticas públicas. Para cada uma das fases que compõem esse ciclo, é possível identificar modalidades avaliativas diferentes. Nas etapas de identificação e reconhecimento dos problemas sociais, bem como na definição da agenda, a modalidade avaliativa mais pertinente é a avaliação de necessidade de programas. Por outro lado, no momento da formulação de programas, são investigados o modelo de intervenção por meio da avaliação de desenho. Durante o processo de implementação do programa, a modalidade avaliativa mais adequada é o monitoramento e, posteriormente, a implementação será iniciada com a avaliação dos impactos e resultados de eficiência.

Também estabelecemos a diferenciação dos conceitos relacionados ao processo avaliativo, envolvendo o entendimento de avaliação e de monitoramento. Assim, esse processo associa-se a um conceito mais genérico, que acontece durante todo o ciclo de políticas e compreende características tanto da etapa de avaliação quanto das demais modalidades que ocorrem no ciclo. Sua definição abrange um conjunto de procedimentos técnicos, de caráter científico para análise e coleta de dados que se aproximem da realidade e daquilo que se deseja extrair dela. Resumidamente, são características do processo avaliativo: ser uma forma de pesquisa social; ter perspectiva interdisciplinar; atribuir valor a algo; utilizar procedimentos técnicos; ser sistemático, planejado e dirigido; destinar-se a identificar e a obter informações de maneira válida e confiável; promover conhecimento e compreensão acerca da realidade estudada; propor reflexão intencional sobre os fatos; e viabilizar o aprimoramento da política, do programa ou do projeto estudado.

O conceito de avaliação é mais restrito e diz respeito à análise da relação de causa e efeito do programa; é realizado apenas depois da etapa de implementação e envolve a avaliação de resultados, de impacto e de eficiência. Por sua vez, o conceito de monitoramento está relacionado às etapas de formulação e implementação do programa, que incluem as avaliações de desenho e de processo e que serão base para a tomada de decisão racional e inteligente do curso da ação.

Por fim, apresentamos uma breve introdução ao conceito de indicadores sociais, que são utilizados para medir efeitos (avaliação) e demais aspectos processuais (monitoramento).

Questões para revisão

1. Cite e explique as etapas do ciclo de políticas.

2. Diferencie os conceitos de avaliação e de monitoramento.

3. Sobre o processo histórico de avaliação de políticas públicas, assinale a alternativa correta:
   a) A história do processo avaliativo ocorreu de maneira linear e universal.
   b) No Brasil, alguns problemas sociais do pós-guerra proporcionaram o início da discussão sobre avaliação de políticas.
   c) Em um primeiro momento, a área de avaliação de políticas desenvolveu-se em uma perspectiva *top down*, identificando efeitos e impactos dos programas.
   d) As novas demandas relacionadas às políticas públicas em cada momento histórico possibilitaram avanços na discussão sobre avaliação.
   e) A Constituição Federal de 1988 teve pouca influência no avanço das discussões sobre avaliação de políticas.

4. Com relação ao ciclo de políticas e ao processo avaliativo, assinale a alternativa correta:
   a) O ciclo de políticas compreende cinco grandes fases estáticas, iniciando na etapa de identificação dos problemas e finalizando na avaliação.
   b) Cada fase do ciclo de políticas está vinculada a uma modalidade do processo avaliativo diferente.
   c) A etapa de implementação está relacionada à modalidade avaliativa chamada de *avaliação de desenho*.
   d) Na etapa de implementação, ocorre o planejamento do programa, propondo-se a melhor alternativa de intervenção.
   e) Na etapa chamada de *avaliação*, realiza-se o monitoramento do programa.

5. O processo avaliativo corresponde:
   a) a todos os momentos do ciclo de políticas que envolvem aspectos avaliativos.
   b) exclusivamente ao processo de avaliação de impactos e efetividade.
   c) ao sinônimo de avaliação de processos.
   d) ao processo denominado *monitoramento*, que ocorre durante a fase de implementação.
   e) à diferenciação de termos, pois *avaliação* é a expressão utilizada apenas no contexto acadêmico.

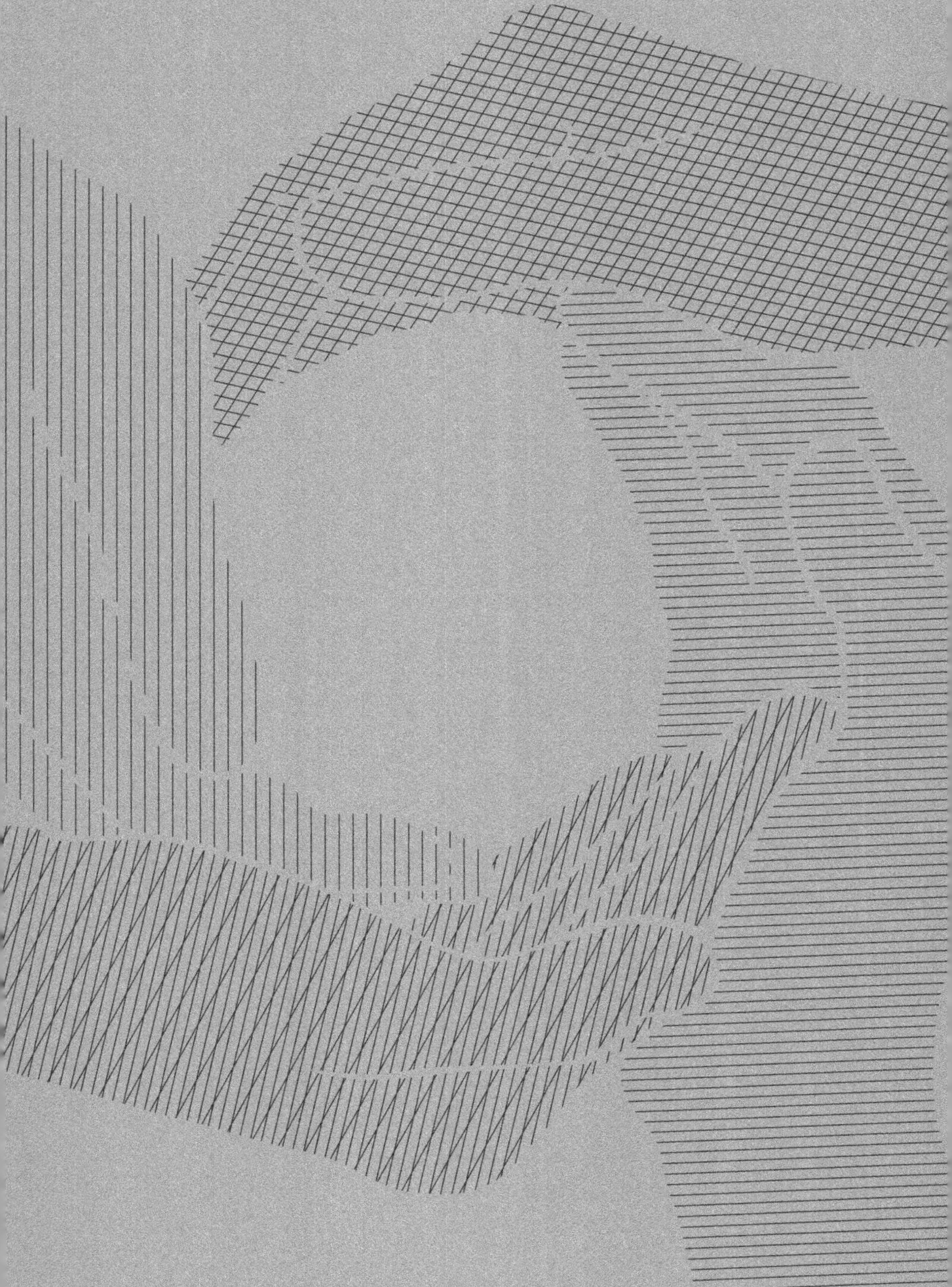

CAPÍTULO 3

Indicadores

Conteúdos do capítulo:
- Conceito de indicador social.
- Propriedades dos indicadores.
- Classificação dos indicadores.
- Utilização dos indicadores.
- Principais indicadores sociais.

Após o estudo deste capítulo, você será capaz de:
1. definir indicador social;
2. compreender as propriedades de um indicador;
3. analisar um indicador de acordo com sua classificação;
4. relacionar o ciclo de políticas com os indicadores sociais;
5. identificar a melhor utilização de determinado indicador.

Com base nos conceitos do processo avaliativo, constatamos que é possível mensurar algo por meio de análise científica da realidade. Para tanto, são necessários dados e informações úteis e confiáveis para análise objetiva da política, do programa ou do projeto, os quais permitam medir e estabelecer comparativos, sustentar a tomada de decisões em evidências e programar de ações (Ripsa, 2008; Sano; Montenegro Filho, 2013). Quem oferece essa "medida" são os indicadores. O Capítulo 3 se propõe a discutir a transformação de dados em informação e em indicadores, oferecendo subsídios para avaliar sua qualidade e características e exemplificando-os. Estejam atentos!

3.1 Conceito

Um indicador quer mostrar algo, ou seja, uma medida que tem como objetivo operacionalizar ou quantificar conceitos sociais abstratos, como desenvolvimento humano, identificando componentes simples e de maior concretude dos fenômenos sociais complexos que poderão apontar, indicar, aproximar, traduzir sua ocorrência (Jannuzzi, 2005; Passos, 2003). Soligo (2012) afirma que mensurar algo não é fácil, porém, quando se busca mensurar aspectos intangíveis da realidade social, a tarefa é ainda mais difícil.

Dessa forma, os indicadores são instrumentos operacionais, empiricamente referidos, que possibilitam aferir aspectos de processos e etapas de trabalho de determinada realidade com a finalidade de entender, explicar, intervir ou dialogar sobre o programa avaliado (Passos, 2003; Jannuzzi, 2014). Assim, podem subsidiar a tomada de decisão desde o planejamento, a formulação e a reformulação de políticas, permitindo um melhor desempenho, a formulação de um orçamento mais racional e uma prestação de contas mais clara e objetiva (Passos, 2003; Sano; Montenegro Filho, 2013).

Indicadores

Os estudos de indicadores surgiram a partir das ciências exatas, que apresentam uma relação de descrever a realidade tendo uma ligação direta entre causa e efeito. Porém, os fenômenos sociais não são como os fenômenos das ciências exatas, por isso é necessário considerá-los em sua multiplicidade de aspectos, procurando suas várias dimensões analíticas que permitam uma análise mais contextualizada e comparativa da realidade social (Jannuzzi, 2001; Soligo, 2012). Passos (2003) define *indicadores* como a seleção de aspectos de processos de determinada realidade ou situação para dizer algo sobre como ela é estabelecida e seu movimento para entendê-la. Nesse sentido, um indicador ou mais deles não conseguem expressar, representar ou captar a realidade toda, assim como nenhuma teoria pode, mas a tentativa de mensurar "algo" permite auxiliar no entendimento e na intervenção sobre a realidade.

Assim, a quantificação de alguns aspectos importantes da realidade deve ser clara e simplificada, na transformação de dados e informações em indicadores expressos em formas de taxas[1], proporções, médias, índices, distribuição por classes, entre outros (Jannuzzi, 2001; Soligo, 2012). São alguns exemplos de indicadores sociais: taxa de natalidade, taxa de mortalidade infantil, índice de desenvolvimento humano etc. O que há em comum entre eles? São medidas que se propõem a traduzir em valores tangíveis e operacionais as dimensões relevantes, específicas e dinâmicas de uma característica social (Jannuzzi, 2005). Essas medidas serão abordadas adiante.

Registros de dados e informações são os elementos que formam os indicadores. É possível entender que os conceitos de dados, informação, indicadores e conhecimento alinham-se em uma espécie de "escala do saber". O **dado** é o elemento unitário, o registro bruto; a **informação** é a articulação de dados com relevância e propósito, organizando os dados para adquirir valor

---

[1] *Taxa* é uma medida estatística de dado relativizado, em que o dado absoluto é combinado por uma operação matemática. A taxa é sempre um coeficiente (divisão) de um valor por outro, multiplicado por um múltiplo de 10. Um percentual é uma taxa em relação ao número 100.

adicional além do registro em si; o **indicador** já é uma avaliação de que dados e informações podem expressar, sendo um refinamento da informação; e o **conhecimento** é um processo de avaliação, interação e, até, juízo de valor formado em conjunto pelas diversas informações assimiladas, pela técnica e pela experiência reflexiva do indivíduo.

Os indicadores são importantes instrumentos que possibilitam a identificação e a análise de programas e projetos. Porém, indicadores não têm significado ou sentido em si mesmos, eles só os adquirem dentro das relações e práticas sociais em que são formulados e utilizados (Guimarães; Jannuzzi, 2004; Sano; Montenegro Filho, 2013). Por isso, os autores indicam que, a partir deles, realize-se uma análise crítica de suas propriedades a fim de propor reflexão sobre o processo de execução do programa.

3.2 Propriedades dos indicadores

Para justificar a produção e legitimar o emprego de determinado indicador no processo de análise, formulação e implementação de políticas, programas e projetos, algumas propriedades são desejáveis para que não sejam números meramente formais e indiquem pouco daquilo que se pretende (Jannuzzi, 2001; Passos, 2003).

Todos os exemplos de propriedades são importantes, dependendo do que se quer realizar e do que se quer representar para subsidiar o ciclo de políticas (Brasil, 2010). Vamos conhecer essas propriedades a seguir.

- **Validade**: corresponde ao grau de proximidade entre o conceito e a medida, devendo o indicador refletir o conceito que se propõe a operacionalizar. Por exemplo, as taxas de morbidade são válidas para avaliar condições de saúde, pois se referem a indicativos de doenças (Jannuzzi, 2001; Ripsa, 2008).

Indicadores

- **Confiabilidade**: é uma característica relacionada à qualidade do levantamento dos dados usados. Indicadores confiáveis são aqueles que não estão enviesados ou distorcidos, garantindo que as mudanças observadas ao longo do tempo possam ser analisadas de forma consistente (Jannuzzi, 2001).
- **Simplicidade**: devem ser de fácil obtenção, construção, manutenção, comunicação e entendimento pelos agentes envolvidos (população, representantes comunitários, agentes públicos) (Jannuzzi, 2005; Brasil, 2010). Exemplo: renda *per capita* familiar – todos podem entender facilmente que ela é a soma de todos os rendimentos dos membros da família dividido pelo número de indivíduos que compõem a família.
- **Relevância social**: a elaboração de indicadores deve estar em consonância com as demandas sociais que se discutem na agenda político-social e que vão propor a resolução de uma problemática social, dependendo de cada sociedade e do tempo histórico em que se encontra (Jannuzzi, 2005).
- **Sensibilidade e especificidade**: o indicador deve ter a capacidade de refletir mudanças significativas quando há alteração nas condições da dimensão social, que possibilitem avaliar rapidamente os efeitos de determinada intervenção, sendo sensíveis ao fenômeno estudado (Jannuzzi, 2001; Ripsa, 2008).
- **Inteligibilidade**: esse é um critério que "diz respeito à transparência da metodologia de construção do indicador" (Jannuzzi, 2001, p. 29), em que as decisões metodológicas sejam justificadas e as escolhas subjetivas sejam explicitadas de forma objetiva (Jannuzzi, 2001; Ripsa, 2008). Textos metodológicos e fichas de cálculo dos indicadores são bons instrumentos para que o indicador seja inteligível.
- **Grau de cobertura**: indicadores devem apresentar boa cobertura territorial ou populacional e ser representativos da realidade em análise. Um bom exemplo são indicadores fundamentados nos dados que os censos produzem, pois apresentam alto grau de cobertura (Jannuzzi, 2001).

- **Periodicidade e factibilidade:** referem-se ao período em que o indicador pode ser atualizado e se permanece viável ao proposto, pressupondo regularidade de seus cálculos para avaliar mudanças (Jannuzzi, 2001, 2005).
- **Historicidade:** refere-se à ideia de poder reproduzir o indicador, ao longo do tempo, produzindo séries históricas extensas e comparáveis. Com as séries, é possível identificar tendências e comparar o resultado temporalmente. Jannuzzi (2005, p. 142) afirma que "o ideal é que as cifras passadas sejam compatíveis do ponto de vista conceitual com confiabilidade similar a das medidas mais recentes, o que nem sempre é possível".
- **Desagregabilidade:** essa propriedade diz respeito à possibilidade de o indicador ser dividido por categoria, no tempo, no espaço ou com relação aos grupos sociodemográficos específicos. Por exemplo, a capacidade de demonstrar o indicador por raça/cor, gênero, grupo etário, grupos populacionais específicos etc. A desagregabilidade está diretamente relacionada à propriedade da especificidade, pois, quanto mais desagregado, mais específico torna-se o indicador para evidenciar uma ideia.

Na prática, é raro que os indicadores sociais apresentem plenamente todas essas propriedades, pois nem sempre o indicador de maior validade é o mais confiável, nem o mais confiável é o mais inteligível, nem o mais simples é o mais válido e com relevância social. Para Jannuzzi (2001, 2005), é importante que, não podendo garantir todas as qualidades, seja preciso preservar aquelas que são essenciais para o propósito a que se aplica o indicador. A escolha dos indicadores deve considerar a representatividade do indicador a ser utilizado ao que será avaliado, bem como ser fundamentada na avaliação crítica das propriedades anteriormente discutidas, e não simplesmente no costume de seu uso.

3.3 Diversos tipos de classificação

Os indicadores podem ser classificados sob diferentes ângulos, dependendo do aspecto a ser analisado. A ideia de classificar é pedagógica e organizativa e independe das qualidades que devem ser analisadas nos indicadores. Propomos seis ordens de classificação de acordo com os aspectos analisados, a seguir exemplificadas.

3.3.1 Por área temática

Nessa perspectiva, os indicadores serão classificados de acordo com a área temática da realidade social a que se referem. Alguns indicadores poderão fazer parte de mais de uma temática (Jannuzzi, 2001). Não será possível esgotar todas as temáticas aqui, mas, de maneira geral, temos as seguintes áreas: demográfica, de saúde, educacional, mercado de trabalho, habitacional, segurança pública, assistência social, entre outras. Além disso, há sistemas de indicadores sociais temáticos, por exemplo, indicadores socioeconômicos, de condições de vida e qualidade de vida.

3.3.2 Por tipo e dado de mensuração

Outra classificação relevante é com relação à objetividade ou à subjetividade do indicador (Jannuzzi, 2001; Brasil, 2010). Vejamos:

- **Indicadores objetivos ou quantitativos**: são aqueles relacionados à quantidade numérica das situações. Jannuzzi (2011, p. 20) entende-os como dados observáveis, por exemplo, "o percentual de domicílios com acesso a rede de água e taxa de desemprego".

- **Indicadores subjetivos ou qualitativos:** são construídos com base em pesquisas de opinião pública, por exemplo, índice de confiança nas instituições e notas avaliativas de desempenho.

De acordo com Jannuzzi (2001), em razão dessas diferenças conceituais, indicadores objetivos e subjetivos podem não apontar as mesmas tendências dentro de uma mesma dimensão social, ainda que se refiram a dimensões sociais semelhantes.

3.3.3 Por representação da temporalidade

Essa classificação avalia a relação temporal a que o indicador se refere, sendo dividida em indicador-estoque e indicador-fluxo ou de *performance* (Jannuzzi, 2001, p. 24): "O indicador-estoque refere-se à medida de uma determinada dimensão social em um momento específico [...]; indicador *performance* ou de fluxo procura abarcar mudanças entre dois momentos distintos".

Por exemplo, a proporção da população urbana é um valor fixo medido, de estoque, e pode ser representada como uma fotografia daquele determinado momento. Já o aumento da urbanização e a taxa de crescimento da urbanização pode ser medido como fluxo. Utilizando a mesma analogia da foto do exemplo, poderia ser representado por um breve vídeo.

3.3.4 Por posição na formulação da política pública

Os indicadores podem ser classificados também a partir do olhar sobre o que expressam na posição da formulação da política: se representam demandas ou se indicam oferta ou padrões de oferta dos serviços. Por exemplo, cobertura de atendimento pode ser classificada como um indicador de oferta de serviços, já a análise de um índice de violência, de vulnerabilidade ou de condições de pobreza seria identificada como indicador de demanda para o serviço público. Nos serviços da assistência social para mulheres vítimas de violência, o serviço oferecido e os atendimentos realizados dizem respeito à sua oferta, mas não podem assegurar que reflitam a demanda, pois esta precisa ser captada por outros registros e dados.

3.3.5 Por complexidade metodológica

A forma como os indicadores são construídos também gera classificações entre indicadores simples e compostos ou, de acordo com os termos utilizados mais recentemente, analíticos ou sintéticos (Jannuzzi, 2001; Brasil, 2010).

- **Indicadores simples ou analíticos**: "são aqueles que retratam dimensões sociais específicas" (Brasil, 2010, p. 29), ou seja, dependem de uma estatística social particular (Jannuzzi, 2001). Observe: a taxa de analfabetismo é específica para a educação, já o índice de desemprego trata da dimensão de trabalho.
- **Indicadores compostos ou sintéticos**: propõem-se a apreender diversos aspectos da realidade por meio de uma única medida. Índices são exemplos de indicadores compostos e consistem em valores provenientes de um processo de cálculos que leva em consideração dois ou mais indicadores para analisar um conjunto de elementos da realidade de interesse. Indicadores complexos visam a fazer uma síntese de certa situação obtendo uma única dimensão quantificável (Jannuzzi, 2001; Scandar Neto; Jannuzzi; Silva, 2008). Por exemplo, o Índice de Desenvolvimento Humano (IDH), que corresponde a uma média de medidas derivadas originalmente de indicadores simples relacionados a escolarização, alfabetização, renda média e esperança de vida, é um dos exemplos de indicadores sintéticos, pois condensa várias dimensões da realidade social em uma única medida (Jannuzzi, 2005).

Há algumas críticas quanto ao uso de indicadores sintéticos, entre elas a ideia de que refletem apenas um comportamento "médio" em termos de desenvolvimento humano, qualidade de vida ou outro conceito operacional que lhes deu origem, não sendo tão sensível aos detalhes dos conceitos (Jannuzzi, 2005). Outra crítica refere-se à utilização desses indicadores como instrumentos de avaliação da efetividade social, pois não é possível identificar quais as mudanças ocorridas e qual a contribuição ou o efeito dos programas públicos específicos no valor sintético geral. Jannuzzi (2005, p. 146) afirma que, decorrente disso,

> há questionamento acerca do "grau de proximidade" entre a medida e o conceito original [...]. Há questionamento acerca do grau de arbitrariedade com que se definem os pesos com os quais os indicadores devem ser ponderados no cômputo da medida final [...]. Há ainda críticas com relação às distorções na seleção de públicos-alvo.

Apesar das críticas, reconhecemos que os indicadores sintéticos estão legitimados socialmente, pois têm alta visibilidade e frequência na mídia, além de legitimação técnica, pois acabam apontando aspectos importantes, como iniquidades e bolsões de pobreza (Jannuzzi, 2005; Guimarães; Jannuzzi, 2004). Também apresentam legitimidade científica e institucional, pois há cada vez mais pesquisas sendo financiadas para estudos de indicadores sintéticos, ampliando e desenvolvendo esse campo de atuação, assim como seu uso tem se disseminado, sendo útil no processo de tomada de decisão no ciclo de programas sociais.

3.3.6 Por natureza do que se mede

Entre as classificações mais comuns de indicadores sociais, há aquela que se refere à natureza do que se mede, ao objeto do que deverá ser indicado. Essa classificação é dividida principalmente entre: indicador-insumo, indicador-produto, indicador-processo, indicador-resultado e indicador-impacto (Brasil, 2010). O Quadro 3.1, a seguir, mostra a diferença entre essas dimensões.

Quadro 3.1 – Dimensões dos indicadores classificados pela natureza da aferição

Tipo de indicador	Objetivo da medida	Descrição
Insumo	Quantifica os recursos disponibilizados.	Medida que se refere aos recursos disponibilizados, entre recursos humanos, financeiros ou de equipamentos que foram alocados e que afetam determinada dimensão social. Serve para indicar aspectos relacionados ao recurso em si, não informando sobre o processo ou o resultado final de uma política específica.
Produto	Retrata repercussões de ações, respostas de atos.	Conecta-se às medidas de metas físicas e expressa as entregas de produtos ou serviços ao público-alvo, por exemplo, percentual de quilômetros de estrada entregues, de armazéns construídos e de crianças vacinadas em relação às metas físicas estabelecidas.
Processo	Relaciona os indicadores-insumo e os indicadores-produto.	Esse indicador é entendido como intermediário, pois traduz em medidas quantitativas o esforço operacional de alocação de recursos humanos, físicos ou financeiros para obtenção de resultados efetivos.
Resultado	Pretende medir os resultados alcançados no programa ou na política.	Relaciona-se aos objetivos e ao desempenho de determinada política ou programa, assim, tem a característica de apontar o grau, a quantidade e os níveis de qualidade com que as metas foram cumpridas. Além disso, proporciona uma leitura de confronto entre objetivos e metas com as realizações alcançadas.

(continua)

(Quadro 3.1 – conclusão)

Tipo de indicador	Objetivo da medida	Descrição
Impacto	Busca identificar desdobramentos futuros e mais extensivos e transformações realizadas pelo programa ou política implementado(a).	Tem natureza abrangente e multidimensional. São aqueles indicadores capazes de demonstrar os efeitos mais duradouros do programa sobre os participantes, que decorrem da implantação dos programas. É um tipo de indicador de difícil operação, pois depende do controle de variáveis, sendo necessária uma linha de base muito bem estruturada. Anteriormente à implantação do programa, deve ser realizada uma análise de como a população estava, para que seja possível comparar e obter informações concretas de como ela está depois de sua execução[1]. Caso não existam dados consistentes, haverá uma diminuição da confiabilidade da pesquisa, e a análise de impactos não será possível. Como alternativa científica, é possível que sejam realizadas comparações com não participantes do programa.

Fonte: Elaborado com base em Draibe, 2001; Jannuzzi, 2001, 2005; Brasil, 2010.

(1) A discussão sobre indicadores de impacto está relacionada à discussão sobre avaliação e impacto, a qual é abordada no Capítulo 2 desta obra.

> **Perguntas & respostas**
>
> **É possível afirmar que o mesmo indicador pode apresentar apenas uma dessas naturezas?**
> Não! Os indicadores estão relacionados diretamente ao que se pretende demonstrar em projetos, programas ou políticas. A classificação de um indicador depende de uma análise do contexto. Nem sempre se tem clareza de sua distinção – insumo, processo, produto, resultado e impacto, principalmente quando os programas são ou muito específicos, ou muito gerais. O indicador de impacto é mais abrangente e não pode ser confundido com indicadores de insumo, produto ou processo. Observe o seguinte exemplo: a taxa de atendimento por hora em uma unidade de saúde é tipicamente um indicador-processo, pois trata sobre a dinâmica do trabalho, porém, ele também pode ser utilizado para identificar se o objetivo de aumentar o número de atendimentos foi alcançando, sendo, portanto, um indicador-resultado. As classificações variam conforme a intenção de quem pretende usar os indicadores. Descrever e identificar os indicadores pelos seus diversos aspectos pode auxiliar a torná-los mais inteligíveis, discutindo seu alcance e legitimidade de maneira técnica.

3.4 Uso dos indicadores

Cada programa ou política pública demanda um sistema de indicadores específicos e sensíveis para cada uma de suas etapas (planejamento, implementação, execução). Assim, não é possível criar modelos padronizados de indicadores que serão utilizados em qualquer situação (Sano; Montenegro Filho, 2013; Jannuzzi, 2014). A escolha de indicadores relevantes para cada momento da intervenção que vão retratar é de suma importância, visto que, a partir deles, serão dimensionados aspectos relacionados a eficácia, eficiência e efetividade social da intervenção (Sano; Montenegro Filho, 2013; Jannuzzi, 2014).

Os indicadores-chave da avaliação e do monitoramento podem ser levantados a partir de diferentes fontes, sejam dados advindos da própria instituição que executa o programa, como informações geradas durante sua operação, sistemas de gestão internos, sejam de fontes externas específicas, como pesquisas de campo entre outras informações estatísticas secundárias, a depender da especificidade da informação (Jannuzzi, 2014).

A utilização adequada de indicadores permite uma reflexão sobre todo o processo de avaliação. Mas como saber qual indicador utilizar? Para responder a essa pergunta, é importante considerar que o indicador deve ser compreendido como uma ferramenta (Passos, 2003). Assim, é preciso organizar e planejar uma estrutura de indicadores que serão acompanhados. Uma possível estrutura é montar um sistema de indicadores sociais ou uma matriz de indicadores que abranjam as etapas do ciclo de políticas públicas. Um sistema de indicadores pressupõe uma plataforma eletrônica organizada com os indicadores relevantes para o objetivo específico do programa, do projeto ou de determinada política social. Já uma matriz é uma tabela de informações discriminadas e descritas que tem a função de orientar no processo de conhecimento do programa, de projeto ou da política – que pode ou não estar em uma plataforma eletrônica. Muitos programas criam matrizes de acompanhamento e monitoramento e já contemplam alguns indicadores de resultados e impactos para auxiliar no processo avaliativo.

3.4.1 Indicadores e ciclo de políticas

Desde o momento em que há uma problemática social a ser resolvida e que seja proposto um programa, é necessário que se comece a pensar no processo avaliativo e em quais dados serão importantes para identificar se essa proposta está sendo executada de maneira adequada e, principalmente, se e como alcançou seus resultados (Jannuzzi, 2005). Os indicadores são operacionalizados do planejamento à avaliação.

Os indicadores permitem a obtenção de diagnósticos situacionais, a realização do acompanhamento e do monitoramento de ações e a identificação de como avaliar resultados e impactos mais abrangentes das intervenções. Ter o planejamento de indicadores potencializa as chances de sucesso do processo de formulação e implementação de políticas, programas e projetos (Jannuzzi, 2001), pois isso fornece subsídios ao longo do tempo em que implementam os programas e retroalimenta-se a própria política. Todas as fases – planejamento, monitoramento e avaliação – da política, do programa ou do projeto social demandam o emprego de indicadores específicos, que vão apresentar elementos e dados distintos para o bom encaminhamento do processo em razão das necessidades intrínsecas das atividades aí envolvidas (Jannuzzi, 2001; Passos, 2003).

Na etapa de identificação de problemas, em que se mostram diagnósticos, os indicadores devem caracterizar – empiricamente – o território, mapear os problemas, a necessidade e a oferta por serviços públicos. Portanto, os indicadores devem permitir a análise ampla do contexto e da gravidade dos problemas sociais, caracterizando um marco zero (Jannuzzi, 2001). O diagnóstico é o subsídio para a formulação de políticas, projetos e programas, mas é também de onde são retirados os pontos fulcrais para que um problema torne-se agenda de um governo. Indicadores bem legitimados e confiáveis podem influenciar a agenda.

Os indicadores são operacionalizados do planejamento à avaliação.

Nesse momento formulativo, serão identificadas as questões prioritárias a serem atendidas pelo programa, de acordo com os objetivos principais, o formato da implementação e as estratégias e ações a desenvolver. Por isso, avaliar indicadores que representem insumos, processos e resultados de acordo com objetivos, ações e estratégias traçadas é tarefa essencial e árdua no debate do desenho da política. Esses dados poderão subsidiar a avaliação do programa tanto em monitoramento quanto em impacto de mudanças sociais desejáveis (Jannuzzi, 2005). No processo formulativo, propõe-se que indicadores sejam monitorados na etapa seguinte de implementação. Planejar os indicadores no desenho dos projetos não significa que, ao longo da execução do programa, tudo corra exatamente igual ou que, posteriormente, não se criem mais indicadores de monitoramento e resultado, mas, sem planejamento, perde-se o foco entre a diversidade de informações ou limita-se aos poucos dados existentes sistematizados.

Na implementação e na execução dos programas, os indicadores fazem parte da matriz de monitoramento (analisaremos esse assunto no Capítulo 4). Eles devem permitir o acompanhamento das ações na alocação operacional dos recursos planejados e a leitura e análise do funcionamento do programa em seu todo. Ao selecionar tais indicadores, é preciso considerar que sejam sensíveis e específicos aos objetivos e que estejam disponíveis periodicamente – aspectos nem sempre possíveis de conciliar (Jannuzzi, 2001, 2005; Passos, 2003). A execução do programa permite inúmeras possibilidades de coleta de dados, esse é o momento em que se produzem os dados; específicos, mas sem um bom planejamento – na etapa anterior de formulação – do que se quer observar e de como fazer a observação por meio de indicadores, podem-se desperdiçar informações importantes que subsidiariam o processo avaliativo das políticas. A reflexão sobre a implementação processual do programa na lógica insumo-processo-resultado, que permita analisar a eficiência no uso dos recursos, é feita durante a execução do projeto.

Por fim, na etapa de avaliação dos programas implementados o que mais importa consolidar são os resultados e os impactos produzidos pela política, pelo projeto ou pelo programa. Nesse contexto, importa demonstrar aspectos relativos à eficácia no cumprimento de metas e à efetividade de seus desdobramentos sociais mais abrangentes e perenes, sendo utilizados diversos tipos de indicadores (Jannuzzi, 2001, 2005).

A Figura 3.1, a seguir, mostra a identificação para cada etapa do ciclo, o indicador e as propriedades mais adequadas.

Figura 3.1 – Relacionamento entre indicadores e ciclo de políticas

1. **Identificação e reconhecimento de problemas sociais:** diagnósticos situacionais – indicadores de evidências sobre os problemas.

2. **Definição da agenda:** indicadores como ilustração da preocupação.

3. **Formulação de políticas:** soluções – planejamento de indicadores para ações, estratégias de abordagem e metas (indicadores de insumo, processos, produtos, resultados, impactos).

4. **Implementação e execução:** produção de dados, indicadores em acompanhamento e monitoramento; efetividade do programa.

5. **Avaliação:** reflexão sobre indicadores de eficiência, eficácia e efetividade do programa; demonstração de resultados e impactos (negativos e positivos) na retroalimentação do ciclo de políticas.

Fonte: Elaborado com base em Jannuzzi, 2001.

Assim como afirma Jannuzzi (2001, p. 35), "os indicadores sociais usados de forma responsável, inteligível e transparente podem estabelecer parâmetros concretos para discussão da natureza, conteúdo e prioridades das políticas, programas e projetos". Dessa forma, é possível observar a necessidade de dispor de um sistema amplo de indicadores sociais que sejam relevantes, válidos e confiáveis, os quais serão retirados de dados administrativos de cadastros oficiais e de estatísticas públicas produzidas pelo Instituto Brasileiro de Geografia e Estatística (IBGE) e outras instituições, que serão reorganizados em indicadores sociais.

> **Questão para reflexão**
>
> Como o aumento da visibilidade de inúmeras questões sociais e a disponibilização de indicadores na mídia influencia o ciclo de políticas?

3.5 Principais indicadores sociais

Há diversas propriedades relevantes, classificações e utilizações de indicadores, a depender da necessidade presente no processo avaliativo. Agora, vamos apresentar a descrição de alguns indicadores sociais mais convencionais, organizados em áreas temáticas. São apenas alguns exemplos, sem o propósito de esgotar os inúmeros indicadores existentes em cada área.

3.5.1 Indicadores demográficos e de saúde

Indicadores demográficos apresentam informações sobre características populacionais e seus ciclos de vida. As principais fontes de produção dos dados a serem utilizados no cálculo do indicador são os censos demográficos e as pesquisas do Sistema Estatístico Nacional do IBGE, os quais estão previstos para acontecer periodicamente, oferecendo informações possíveis de se acompanhar ao longo do tempo e alta capacidade de representação populacional e territorial (Ripsa, 2008; Brasil, 2010).

Há uma grande variedade de indicadores demográficos, os quais podem ser utilizados conforme os objetivos. Vamos conhecer alguns deles na sequência.

Taxa de natalidade

Estabelece os parâmetros básicos para o dimensionamento da população futura, demonstrando características demográficas da população e prevendo situações como nível de consumo de bens e serviços públicos e privados, subsidiando processos de planejamento, gestão e avaliação de políticas públicas relativas à atenção-materno infantil (Jannuzzi, 2001; Ripsa, 2008).

Altas taxas de natalidade podem indicar que a região apresenta estrutura etária jovem e mortalidade infantil elevada. Portanto, na fase de diagnóstico de um programa, ao se deparar com tal situação, isso pode significar que há uma demanda de políticas sociais na área da saúde materno-infantil, vagas no ensino básico, entre outros. Da mesma forma, taxas de natalidade baixas podem indicar que a região está em um estágio transicional, em que será necessário investimento em outras demandas de uma população mais envelhecida (Jannuzzi, 2001).

O cálculo da taxa de natalidade é feito pela razão entre o total de nascimentos ocorridos ao longo de um ano pela população estimada no meio do período, sendo expressa por mil habitantes (Jannuzzi, 2001). Sua fórmula é a seguinte:

$$\text{Taxa de natalidade} = \frac{(\text{Nascidos vivos no ano})}{(\text{População estimada meio do ano})} \times 1.000$$

Taxa de crescimento demográfico

Essa taxa está amplamente relacionada à taxa de natalidade, sendo aplicada para dimensionar o ritmo de crescimento da população e suas características (Ripsa, 2008). Esse indicador é importante para a formulação de políticas sociais que projetam a expansão requerida de serviços e equipamentos sociais a serem disponibilizados, permitindo maior adequação do público-alvo da política, do programa ou do projeto. Por exemplo, a demanda por vagas e professores está relacionada ao tamanho da população em idade escolar (Jannuzzi, 2001; Ripsa, 2008).

O cálculo é uma função da razão entre os quantitativos populacionais em dois momentos no tempo e é expressa por meio de porcentagem. Nos casos em que se dispõem de estimativas confiáveis de natalidade, mortalidade e migração, é possível computar previsões de taxas de crescimento demográfico de forma direta. São utilizados dados proporcionados, principalmente pelo IBGE (Jannuzzi, 2001).

$$\text{Taxa de crescimento anual} = \sqrt[n]{\frac{\text{Popul}(t_a)}{\text{Popul}[(t_1) - 1] \times 100}}$$

- **Taxa de mortalidade infantil**
  Essa taxa tem grande relevância, pois pode ser empregada para caracterizar níveis e padrões de mortalidade infantil e é representativa para análise das condições gerais de vida ou saúde (Jannuzzi, 2001). Por apresentar maior confiabilidade em regiões mais desenvolvidas, há outros indicadores a serem calculados que serão mais sensíveis e específicos ao que se pretende, tais como taxas de natimortalidade, que demonstram a incidência de partos de crianças natimortas; mortalidade neonatal, parcela de mortalidade até 28 dias após o nascimento; e mortalidade pós-neonatal, taxa relacionada à mortalidade infantil após esse período. Tais indicadores são úteis para "subsidiar processos de planejamento, gestão e avaliação de políticas e ações de saúde voltadas para a atenção pré-natal e ao parto, bem como para a proteção da saúde infantil" (Ripsa, 2008, p. 108).

A taxa é definida pela razão entre o número de óbitos entre crianças até um ano e o total de crianças nascidas vivas durante o ano:

$$\text{Taxa de mortalidade infantil} = \frac{\text{Óbitos com crianças até 1 ano}}{\text{Nascidos vivos no ano}} \times 100$$

- **Esperança de vida ao nascer**
   Esse é um indicador para avaliar as condições de saúde da população. Para tanto, realiza-se um cálculo complexo, em que é obtida uma medida síntese para identificar o número médio de anos que se espera que um recém-nascido possa viver, considerando aspectos relacionados a riscos da mortalidade infantil, histórico da mortalidade de crianças, adolescentes, jovens, adultos e idosos, diferenças entre homens e mulheres (Jannuzzi, 2001).

O uso de indicadores como esse permite analisar variações geográficas e temporais na expectativa de vida, contribui para análise dos níveis de saúde da população e para elaboração de políticas e programas relacionados ao aumento da expectativa de vida (Ripsa, 2008).

Para saber mais

RIPSA – Rede Interagencial de Informação para a Saúde. **Indicadores básicos para a saúde no Brasil**: conceitos e aplicações. 2. ed. Brasília: Organização Pan-Americana da Saúde, 2008. Disponível em: <http://bvsms.saude.gov.br/bvs/publicacoes/indicadores_basicos_saude_brasil_2ed.pdf>. Acesso em: 25 jun. 2019.

No intuito de melhorar a fonte de dados e de análise de indicadores na área da saúde, o Ministério da Saúde, em conjunto com outras entidades envolvidas na produção, análise e disseminação de dados, criou a Rede Interagencial de Informações para a Saúde (Ripsa) para sistematizar informações úteis ao conhecimento e à compreensão da realidade sanitária brasileira e de suas tendências. Assim, o campo da saúde apresenta um sistema de indicadores amplo e com alto grau de relevância social, visto que passam por um processo de consenso sobre conceitos, métodos e critérios de utilização das bases de dados (Ripsa, 2008). A Ripsa mantém, em seu sistema, todos os documentos explicativos sobre a metodologia de cálculo de indicadores.

3.5.2 Indicadores educacionais

No campo educacional, os indicadores são utilizados com três finalidades principais: contribuir para o diagnóstico sobre problemas como repetência e inclusão educacional; fazer comparações que permitam identificar deficiências importantes relacionadas aos recursos humanos, físicos e financeiros e na gestão educacional; e formular metas (Souza, 2010).

Os indicadores educacionais são obtidos principalmente a partir de duas fontes de dados: o Censo Escolar – operacionalizado pelo Ministério da Educação (MEC) – e o Censo Demográfico ou levantamentos anuais das Pesquisas Nacionais por Amostra de Domicílios (Pnads) – realizados pelo IBGE (Souza, 2010).

Entre os indicadores educacionais, há aqueles que descrevem a situação educacional da população como um todo e aqueles que tomam como referência apenas os que estão estudando. Vamos conhecer alguns dos mais importantes na sequência.

- **Taxa de analfabetismo**

Trata-se de um indicador-resultado que identifica a extensão do analfabetismo, em outras palavras, retrata as deficiências de oferta e, até mesmo, a ausência de programas educacionais no passado (Jannuzzi, 2001; Souza, 2010).

Por ser realizado junto a uma população que não está mais em idade escolar, esse estudo acaba sendo pouco sensível para indicar os esforços de escolarização básica, porém, pode ser um ponto de partida para novas propostas de educação à população adulta. Em regiões com grandes avanços educacionais, utiliza-se a taxa de analfabetismo funcional, relacionada à dificuldade de compreensão e escrita de mensagens simples (Jannuzzi, 2001).

O indicador é calculado como a proporção entre os indivíduos de 15 anos ou mais que declararam, em uma pesquisa domiciliar, não saber ler e escrever:

$$\text{Taxa de analfabetismo} = \frac{\text{Indivíduos que não sabem ler ou escrever}}{\text{População de 15 anos ou mais}} \times 100$$

- **Taxas de atendimento escolar**
  São indicadores sensíveis e específicos para o acompanhamento de programas na área educacional, ou seja, não refletem os resultados finais que as políticas educacionais almejam (Jannuzzi, 2001). São indicadores que estão preocupados com a eficiência, pois descrevem uma relação entre insumo e produto (Souza, 2010).

  Podem ser calculados de duas formas, dependendo da informação disponível: a taxa de escolarização, que está relacionada à proporção de estudantes de determinada faixa etária em um nível de ensino em relação ao total de pessoas dessa faixa. E a taxa de cobertura escolar, que é definida como a razão entre o número de matrículas em um nível de ensino pela população em idade normativa para esse nível. Tais taxas indicam o nível de atendimento escolar do sistema de ensino em seus diferentes níveis (Jannuzzi, 2001).

$$\text{Taxa de escolarização da população de faixa etária X ao nível de ensino Y}$$
$$= \frac{\text{Estudantes da faixa X e nível superior Y}}{\text{Total da população na faixa X}} \times 100$$

$$\text{Taxa de cobertura escolar no nível de ensino Y}$$
$$= \frac{\text{Matrícula no nível escolar Y}}{\text{Público-alvo normativo do nível escolar Y}} \times 100$$

- **Taxas de desempenho no sistema escolar**
  Também podem ser analisadas por meio de dois indicadores: taxa de evasão e taxa de reprovação. A primeira é um indicador

de processo e mede a eficácia do sistema em garantir a frequência escolar da população-alvo, sendo computada com base nos registros dos alunos matriculados no começo e no fim do período letivo. E o nível de reprovação mede a ineficiência do sistema ou a dificuldade do alunado em garantir sua progressão pelo sistema de ensino (Jannuzzi, 2001; Souza, 2010). O indicador é calculado como a proporção dos reprovados em relação aos matriculados:

$$\text{Taxa de evasão} = \frac{\text{Evadidos ao final do período letivo}}{\text{Matrículas ao final do período letivo}} \times 100$$

$$\text{Taxa de reprovação} = \frac{\text{Reprovados ao final do período letivo}}{\text{Matrículas ao final do período letivo}} \times 100$$

Há ainda outro indicador empregado na avaliação da progressão no aluno no sistema: defasagem idade/série. Esse indicador relaciona o percentual de alunos em cada série que se encontra em idade superior à normativa (Jannuzzi, 2001).

Souza (2010) afirma que tais indicadores estão interligados: a repetência gera a evasão, pois os alunos acabam desanimados com o processo e, por conseguinte, a evasão diminui o número de concluintes. Isso significa que a eficiência do processo é prejudicada e, consecutivamente, a produtividade e a eficiência no âmbito da educação diminui.

3.5.3 Indicadores de mercado de trabalho

Para entender as estatísticas e os indicadores relacionados ao mercado de trabalho de uma região, é fundamental compreender dois conceitos básicos: o de população em idade ativa (PIA) e o de população economicamente ativa (PEA). A PIA corresponde a um contingente da população total que está potencialmente apta para o exercício da atividade econômica produtiva. Em geral, compreende os indivíduos com mais de 10 ou 15 anos até 65 ou 70 anos. Os indivíduos da PIA são aqueles que estão efetivamente disponíveis para o exercício de atividade econômica, seja trabalhando seja procurando emprego (Jannuzzi, 2001). Por sua vez, a PEA diz respeito àquelas pessoas que exerceram trabalho remunerado, seja em dinheiro, seja em produtos e mercadorias, durante os 12 meses anteriores à pesquisa – donas de casa, estudantes, aposentados, pessoas com deficiência sem condições de trabalho não fazem parte da PEA, sendo considerados inativos (Freire Junior, 2010).

Taxa de participação no mercado

Considerando tais aspectos, essa taxa corresponde ao quociente da PEA pela PIA, isto é, à proporção de indivíduos ocupados ou que buscam trabalho entre a mão de obra potencialmente disponível para a atividade econômica (Jannuzzi, 2001):

$$\text{Taxa de participação} = \frac{\text{PEA}}{\text{PIA}} \times 100$$

Jannuzzi (2001, p. 89) entende que esse indicador é

> útil para avaliar três aspectos diferentes da realidade social: apontar grau de envolvimento necessário dos indivíduos na geração de renda para sua sobrevivência física e reprodução social, avaliar eficácia das políticas de previdência social e ensino básico em garantir que idosos e crianças não precisem se engajar em atividades econômicas; por fim, apontar o grau de disseminação de valores "modernos" com relação ao papel da mulher na sociedade.

3.5.4 Indicadores de renda, pobreza e desigualdade

Esses indicadores têm como propósito identificar aspectos socioeconômicos da população. Cada indicador embasa-se em perspectivas, cálculos e, até mesmo, em bases conceituais distintas. Como veremos a seguir, alguns consideram apenas aspectos financeiros, e outros agregam dados sociais.

- **Renda ou PIB *per capita***
A renda *per capita* é um indicador econômico, pois mede o valor total de bens e serviços finais produzidos internamente na economia de um país relativamente ao tamanho de sua população (Jannuzzi, 2001).

A construção desse indicador teve início por volta da década de 1950, com o objetivo de realizar quantificações de natureza econômica. Guimarães e Jannuzzi (2004) entendem que a universalização do produto interno bruto (PIB), por sua vez, foi decorrente dos seguintes fatores:

> tratar-se de um dado disponível para a quase totalidade dos países; constituir-se numa variável de fácil entendimento; permitir comparabilidade factível; relacionar-se a dimensões geralmente reconhecidas como parte integrante do processo de desenvolvimento, tais como o crescimento econômico e a dinâmica demográfica. (Guimarães; Jannuzzi, 2004)

Com o passar do tempo, esse indicador demonstrou algumas desvantagens é quanto à sua utilização. Guimarães e Jannuzzi (2004, p. 4) apontam que entre elas estão "a incapacidade de refletir a distribuição da renda interna em cada unidade territorial, o fato de ser sensivelmente afetado pela variação cambial e o seu caráter unidimensional, ou seja, não capta outros aspectos essenciais, tais como a educação, saúde, meio ambiente etc.".

Indicadores

- **Índice Gini para distribuição de renda**
  É o índice de distribuição de renda mais conhecido e de maior aplicação. O objetivo é caracterizar os aspectos socioeconômicos de uma sociedade. Esse índice permite compreender se uma renda comparativamente mais elevada deve-se, de fato, a um padrão melhor de bem-estar ou a outro quadro em que um número reduzido de famílias apropria-se de níveis de renda muito mais elevados que as demais (Jannuzzi, 2001; Anunciato; Franco, 2017).

  A medida assume valor mínimo de zero, o que significa uma situação de igualdade perfeita com relação à distribuição de rendimentos em uma sociedade; e valor máximo de um, situação de extrema desigualdade, indicando que apenas um indivíduo ou família possui toda a renda disponível naquela sociedade (Jannuzzi, 2001; Freire Junior, 2010).

  Jannuzzi (2001) adverte que a utilização do Índice Gini, por se tratar de um indicador sintético, é menos sensível à desigualdade associada à riqueza ou à pobreza extrema.

  O Índice Gini pode ser calculado a partir de dados brutos ou dados agregados de renda em intervalos de classe, acarretando fórmula e análise complexas que levarão em consideração a renda apropriada pelo indivíduo ou pela família, a renda média e a renda total de famílias (Jannuzzi, 2001).

- **Indicador de pobreza como carências múltiplas**
  São indicadores de dimensionamento da pobreza que partem de um princípio não monetário para classificação da população como pobre ou não. O estado de carências ou de necessidades básicas insatisfeitas está fundamentado em diversas dimensões analíticas (educação, atendimento à saúde, habitação, etc.), ou seja, será considerada como pobre, carente ou excluída a parcela da população que não dispõe de nível suficiente de acesso a escolaridade, políticas de saúde, habitação adequada, trabalho regular, entre outros (Jannuzzi, 2001; Brasil, 2010).

$$\text{Proporção da população com necessidades básicas insatisfatórias} = \frac{\text{População carente em um ou mais aspectos}}{\text{População total}} \times 100$$

Tal indicador oferece uma visão estrutural da questão da pobreza. Jannuzzi (2001) entende que ele complementa o quadro retratado pela proporção de pobres avaliados pela linha de pobreza mais sujeitos às variações conjunturais e apresenta um uso potencialmente mais interessante para formulação de políticas de superação efetiva da situação de pobreza.

3.5.5 Indicadores de qualidade de vida e desenvolvimento humano

Esse segmento temático de indicadores surgiu com a necessidade de avançar quanto aos dados sobre as questões sociais, considerando outros aspectos que não apenas econômicos. Assim, pesquisadores e organismos internacionais passaram a propor índices sintéticos que representassem a questão do bem-estar e da qualidade de vida (Jannuzzi, 2001).

- **Indicadores subjetivos de qualidade de vida**
  Tal medida é estabelecida "a partir do levantamento de um conjunto amplo de impressões, opiniões e avaliações sobre diferentes aspectos do ambiente sócio-espacial da população, abordando a satisfação no domicílio, às facilidades existentes no bairro e as economias e deseconomias da vida do município" (Jannuzzi, 2001, p. 112), relacionado às condições materiais e às aspirações pessoais.
  Pessoa e Silveira (2009) ressaltam que a dificuldade de utilizar indicadores subjetivos de qualidade vida reside no fato de não ser possível priorizar ações e alocar recursos com base apenas em indicadores subjetivos.

Esse é um indicador síntese proposto para mensurar o nível de satisfação quanto à qualidade de vida e, entre os mais comuns, está o indicador de intenção de permanência ou mudança de município (Jannuzzi, 2001).

Índice de Desenvolvimento Humano (IDH)

O IDH é um importante exemplo de indicador sintético e apresenta algumas vantagens e desvantagens (Jannuzzi, 2001). A construção desse indicador ocorreu a partir da insatisfação da utilização do PIB como indicador de nível de desenvolvimento socioeconômico e bem-estar da população, motivando diferentes pesquisadores e organismos internacionais a propor e testar outros indicadores substitutos. O termo *desenvolvimento humano* não é compreendido apenas em relação ao capital humano, em que as pessoas são meros meios de produção, assim como não abrange apenas aspectos relacionados às necessidades básicas, mas se concentra também na provisão de bens básicos (Jannuzzi, 2001).

O IDH tem indicadores referentes a três dimensões básicas sobre o desenvolvimento humano:

> um indicador composto de nível educacional [...]; a esperança de vida como medida síntese das condições de saúde e riscos à morbi-mortalidade; e o PIB per capita ajustado segundo uma técnica específica, de modo a refletir a necessidade de recursos monetários para compra de bens e serviços indispensáveis à sobrevivência material. (Jannuzzi, 2001, p. 120)

O índice final é calculado como a média das medidas transformadas em valores no intervalo de 0 a 1. A escala indica que o índice baixo é inferior a 0,5; o médio, entre 0,5 e 0,8; e o alto, acima de 0,8.

Guimarães e Jannuzzi (2004) tratam de algumas vantagens do uso, como os dados resultantes do IDH permitirem comparar, com base no tempo, a situação relativa de países, regiões e municípios, podendo focalizar a análise em algum tema componente particular do indicador, relacionado com o desenvolvimento humano. E, como desvantagens, citam que o índice não considera especificidades regionais, estabelecendo padrões universais de qualidade de vida. Tratando-se de indicador composto, apresenta uma média de comportamento, não possibilitando a análise de situações extremas associadas à desigualdade e bem-estar entre indivíduos.

3.5.6 Indicadores de demanda e gestão da assistência social

A política de assistência social tem demandado estudos e proposições sobre aspectos de vulnerabilidade social que estão relacionados a diferentes dimensões, tanto individuais quanto sociais e ambientais (Nazareno; Souza Junior; Ignácio, 2012). Selecionamos alguns indicadores que se propõem a avaliar e priorizar possíveis beneficiários dessa política.

- **Índice de vulnerabilidade das famílias paranaenses (IVF-PR)**
  Esse indicador se propõe a mensurar situações de vulnerabilidade das famílias, indicando maior ou menor vulnerabilidade. É calculado mensalmente com base nas informações do Cadastro Único para Programas Sociais (CadÚnico) (Nazareno; Souza Junior; Ignácio, 2012). Os autores explicam que o cálculo é feito a partir de:

  > 19 indicadores componentes, distribuídos em quatro dimensões:
  > a) Adequação do domicílio – 5 componentes;
  > b) Perfil e composição familiar – 9 componentes;
  > c) Acesso ao trabalho e renda – 2 componentes;
  > d) Condições de escolaridade – 3 componentes. [...]
  >
  > Para cada condição encontrada na variável ou na relação entre variáveis foi pontuado valor maior para o que se considerou nesta proposta como uma maior vulnerabilidade. A proposta pretende disponibilizar índices para cada dimensão. (Nazareno; Souza Junior; Ignácio, 2012, p. 8)

  Portanto, o índice final é obtido a partir da agregação dos índices dessas dimensões. Ele é um indicador sintético, calculável para cada família, e seu valor varia de 0 a 1: quanto mais próximo de 1, mais vulnerabilidade a família apresenta. Esse índice é o resultado de uma combinação de indicadores em nível multidimensional e permite a caracterização de vulnerabilidades a serem acompanhadas no tempo. Como o IVF-PR divide-se em dimensões, é possível também priorizar e produzir seleções voltadas a cada dimensão particular. Ele também pode ser agregado a qualquer grupo demográfico e territorial (Nazareno; Souza Junior; Ignácio, 2012).

- **Índice de Gestão Descentralizada do Programa Bolsa Família e Cadastro Único (IGD-M PBF)**
O IGD-M mede a qualidade das ações realizadas pelo município nas ações de cadastramento, atualização cadastral e acompanhamento das condicionalidades de educação e saúde do Cadastro Único para Programas Sociais do Governo Federal e do Programa Bolsa Família. Também verifica se o município aderiu ao Sistema Único de Assistência Social (SUAS) e se as gestões e os conselhos municipais registraram, em sistema específico da área, as informações relativas à prestação de contas (Brasil, 2012).

Com base no valor do IGD-M alcançado, o Ministério do Desenvolvimento Social (MDS) calcula, a cada mês, quanto cada município vai receber. Os recursos financeiros são repassados apenas para os municípios que tenham alcançado índices mínimos nas taxas e na média das taxas do cálculo do IGD-M e fizerem parte do SUAS, com registro da comprovação dos gastos e sua aprovação da prestação de contas do ano anterior no Sistema SuasWeb (Brasil, 2012).

Síntese

Neste capítulo, tratamos do conceito e da aplicação dos indicadores que instrumentalizam as medidas envolvidas no processo avaliativo das políticas públicas. Tal ferramenta tem como principal objetivo aproximar-se de uma realidade concreta, quantificando conceitos sociais abstratos em formato de taxas, índices e outras expressões para demonstrar sua ocorrência nos fenômenos sociais complexos.

Também destacamos as propriedades desejáveis de um indicador – validade, confiabilidade, simplicidade e relevância social, sensibilidade, especificidade, inteligibilidade, grau de cobertura, periodicidade, factibilidade e historicidade. Apesar de não ser possível garantir todas essas propriedades, é preciso preservar as mais essenciais para o que se pretende.

Abordamos, ainda, as diversas formas de classificar os indicadores, de acordo com a área temática, a objetividade ou a subjetividade do indicador, a presença ou não se valor de juízo da dimensão social, a complexidade metodológica de sua construção, a temporalidade, o processo de avaliação que será subsidiado e, finalmente, a natureza do que será indicado.

Ressaltamos que os indicadores devem estar organizados de acordo com diversos aspectos para que sejam funcionais, e o planejamento de seu uso deve estar conectado com as etapas do ciclo de políticas públicas.

Por fim, abordamos alguns dos indicadores mais importantes de certas áreas temáticas. Além dos respectivos conceito e fórmula de cálculo, discutimos a possível utilização na avaliação de programas.

Questões para revisão

1. Explique o conceito de indicador social.
2. Cite as propriedades que os indicadores apresentam.
3. Sobre os indicadores, assinale a alternativa correta:
    a) Indicadores simples são aqueles construídos utilizando ocorrências concretas, ou seja, não são subjetivos.
    b) Indicadores sintéticos são construídos a partir de um único indicador.
    c) Para medir resultados alcançados pela política, é preciso considerar apenas os indicadores do tipo resultado.

d) Indicadores do tipo insumo se propõem a quantificar os recursos disponibilizados.
e) Aspectos qualitativos não são mensuráveis.

4. Com relação à utilização dos indicadores no ciclo de políticas, assinale a alternativa correta:
   a) Os indicadores do tipo processo são os mais indicados para a etapa de diagnóstico, visto que é necessário mapear o território e seus problemas.
   b) Na etapa de implementação, os indicadores têm o papel de monitoramento e de acompanhamento das ações, sendo utilizados indicadores de processo.
   c) Durante o processo de avaliação dos programas, os indicadores devem permitir a leitura de um aspecto pontual.
   d) Na formulação de políticas e programas, os indicadores dialogam com os objetivos norteadores.
   e) Para monitorar os programas, os indicadores selecionados devem ser do tipo impacto, sem a necessidade de especificidade.

5. Assinale a alternativa que apresenta apenas indicadores relacionados à área temática de renda, pobreza e desigualdade:
   a) PIB, Índice Gini para distribuição de renda e Indicador de pobreza como carências múltiplas.
   b) IDH, PIB e Índice Firjan de Gestão Fiscal.
   c) Índice Gini para distribuição de renda, IDH e taxa de crescimento demográfico.
   d) Taxa de crescimento demográfico, taxa de natalidade e carga de dependência de crianças e idosos.
   e) PIB e PEA.

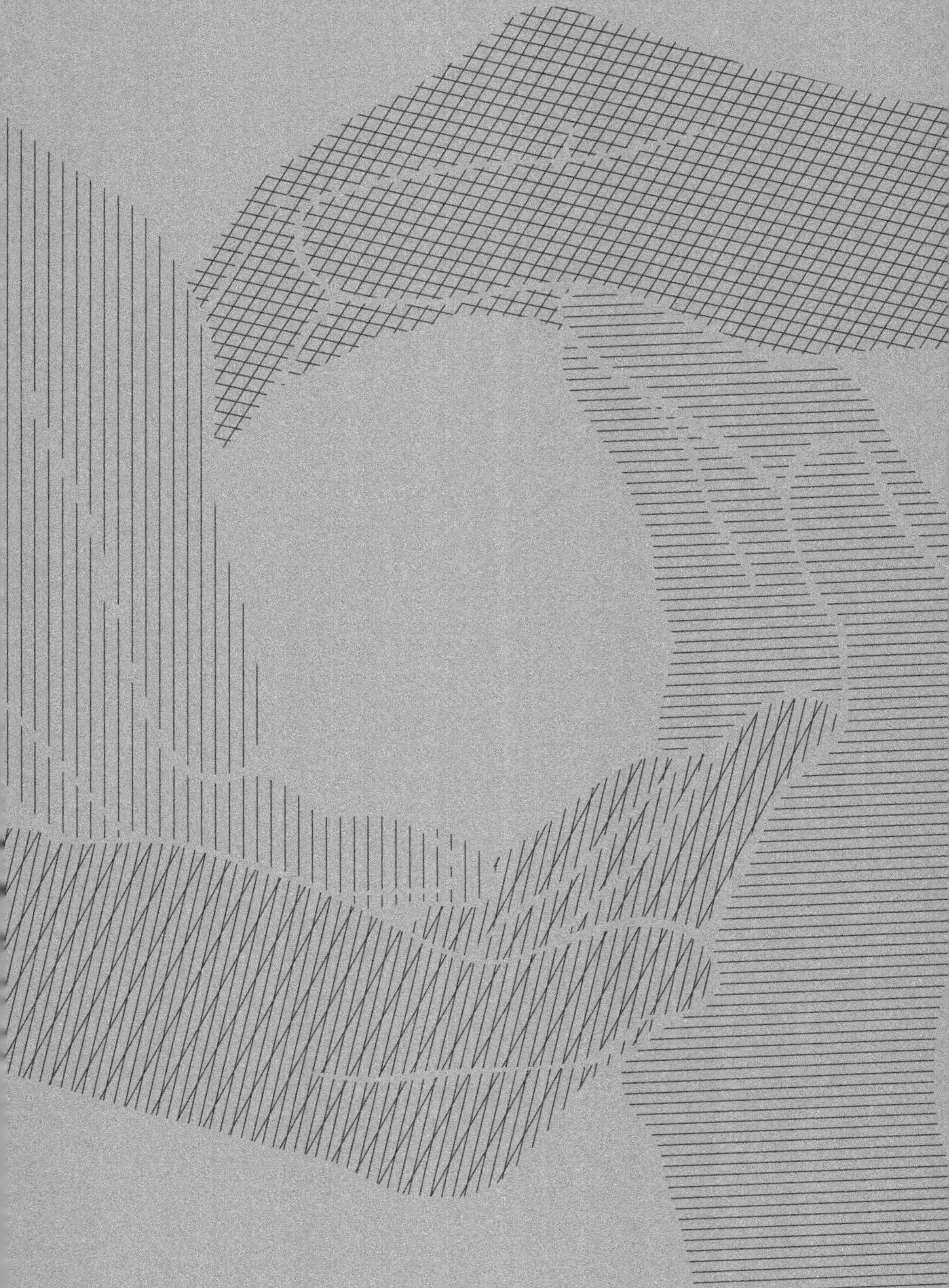

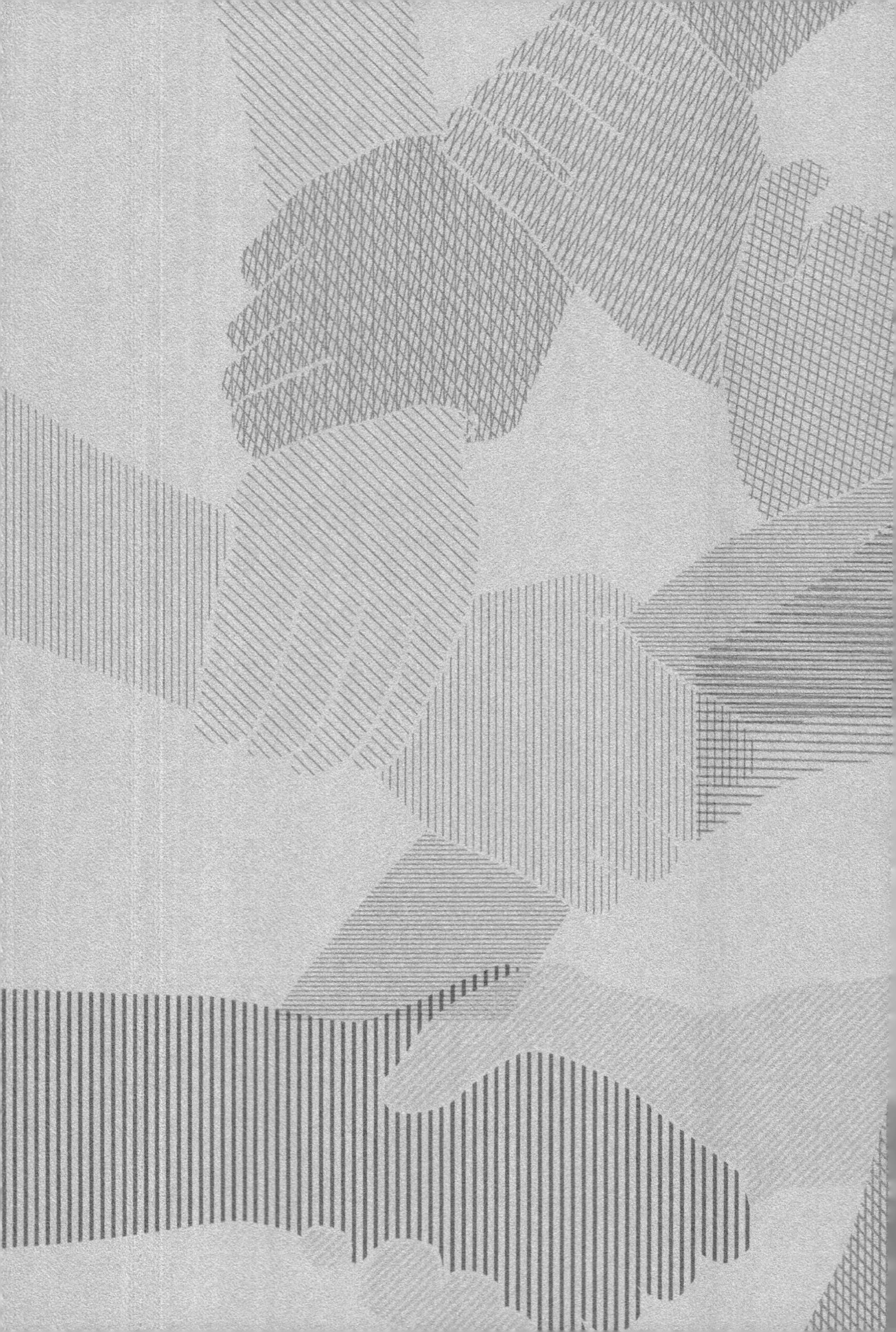

CAPÍTULO 4

Monitoramento

Conteúdos do capítulo:
- Monitoramento e ciclo de políticas.
- Classificação das avaliações.
- Métodos e técnicas.
- Monitoramento no Brasil.

Após o estudo deste capítulo, você será capaz de:
1. reconhecer o processo de monitoramento no ciclo de políticas;
2. identificar as possíveis formas de classificar esse processo avaliativo;
3. aplicar os diferentes métodos e técnicas para realizar um monitoramento;
4. compreender como o monitoramento difundiu-se no Brasil.

Neste capítulo, abordaremos o conceito de monitoramento, e conduzindo a outras leituras para aprofundamento sobre esse tema. O monitoramento é uma das modalidades do processo avaliativo utilizadas no ciclo de políticas relacionado às fases de formulação e implementação de um programa. Vamos retomar esse conceito e identificar possíveis classificações, métodos e técnicas para sua análise. Também destacaremos brevemente como essa modalidade tem se difundido no país.

4.1 Monitoramento e o ciclo de políticas

Como vimos no Capítulo 2, o monitoramento é uma modalidade do processo avaliativo que acontece durante a execução e a operação do programa, com vistas a averiguar questões mais pontuais para uma rápida análise situacional (Nogueira, 2002; Jannuzzi, 2014).

O monitoramento deve ser um processo sistemático e periódico de análise da gestão, no qual são examinados aspectos específicos. O propósito desse processo é analisar as dificuldades e as mudanças situacionais relacionadas ao modo como a intervenção se executa, para, a partir dele, otimizar o alcance dos objetivos do programa e administrar (evitar, mitigar, postergar) efeitos negativos, bem como propor ajustes operacionais (Cavalcanti, 2006). O monitoramento investiga os problemas críticos que afetam o funcionamento do programa e o cumprimento de seus objetivos (Trevisan; Van Bellen, 2008; Jannuzzi, 2016).

Retomando o olhar sobre o ciclo de políticas, o planejamento e a realização do monitoramento desenvolvem-se nas fases de formulação e de implementação da política, ou seja, durante o desenho e a execução do programa. Assim, considerando o relacionamento das fases do ciclo de política, para se propor um monitoramento consistente de programas e projetos, é preciso entender toda a sua linha lógica de atuação, de modo a perceber as potencialidades e as dificuldades no cumprimento dos objetivos e das estratégias desenhadas em sua formulação e, assim, contribuir, com o redirecionamento de algumas ações (Cavalcanti, 2006).

Igualmente, deve-se considerar que sempre há dificuldades que não foram previstas no momento do desenho e de seu planejamento, principalmente quando se vai colocar em prática o desenho original e as estratégias traçadas por seus formuladores (Unicamp, 1999; Cavalcanti, 2006; Brasil, 2016). É uma característica comum haver uma distância entre a concepção de objetivos, o desenho concebido e a tradução destes na prática de sua execução, justamente porque quem executa nem sempre é quem formula, havendo certo espaço de discricionariedade para realizar ações baseando-se nas referências da rotina de implementação: "Um programa é o resultado de uma combinação complexa de decisões de diversos agentes" (Arretche, 2001, p. 47). Portanto, agentes que podem ter interesses e visões diferentes de como as ações devem ser empregadas. Sendo essa distância comum, a proposta de uma estrutura de monitoramento deve conseguir captar alguma parte dessa distância.

A natureza cíclica e dinâmica do ciclo de políticas torna o processo passível de aperfeiçoamento em todas as etapas, em razão dos retornos do processo avaliativo, os quais permitem que a política pública, os programas e os projetos sejam complementados e renovados. Adicionalmente, as inovações e as atualizações são muito mais incrementais e contínuas do que se espera que aconteça apenas em um momento posterior de avaliação cabal, no qual todas as etapas já tenham sido cumpridas, pois os programas vão sendo transformados ao longo de seu próprio ciclo. E é por isso mesmo que diversos autores – Aguilar e Ander-Egg (1994), Trevisan e Van Bellen (2008), Cavalcanti (2006), Ramos e Schabbach (2012) – entendem que o processo de monitoramento apresenta-se como o principal sistema para diagnosticar as dificuldades de execução, propondo ajustes operacionais e redefinindo objetivos, metas e metodologia, com vistas à adequação entre o plano e sua implementação.

4.2 Classificação das avaliações

O processo avaliativo apresenta diversos momentos de realização de suas reflexões e classificações para tentar demarcar o uso, os objetivos e o delineamento da avaliação e do monitoramento. Outro ponto a ser recordado considera que o termo *avaliação* é polissêmico e utilizado em diversos contextos. Porém, você percebeu que, neste livro, com intuito didático e instrutivo, procuramos tratar da avaliação em sentido restrito, usando o termo *avaliação* para aqueles tipos que envolvem a última etapa do ciclo de políticas. Para utilizar a literatura existente, no entanto, é preciso emprestar novamente o termo *avaliação* para as explicações desta seção, mesmo se tratando de monitoramento. Fique atento para manter a lógica distintiva em suas reflexões e diminuir a confusão!

Nesta seção, contemplaremos apenas as classificações relacionadas ao monitoramento. Dessa forma, abordaremos as "avaliações" realizadas na etapa de formulação e execução, apresentando os tipos considerados mais relevantes para o monitoramento. Outros tipos serão tratados no Capítulo 5, cujo objetivo é debater a etapa final do ciclo da política com tipo de avaliação *stricto sensu*.

4.2.1 Avaliação formativa

No processo avaliativo, é possível categorizar a finalidade das avaliações em formativa e somativa. O monitoramento realiza-se durante a execução do programa e produz conhecimento para sua formação (Simões, 2015), ou seja, esse processo é compreendido como "avaliação formativa", em que o desempenho do programa será acompanhado, observado e testado, permitindo que sua execução posteriormente seja confirmada ou corrigida por avaliações somativas (Faria, 1998; Cavalcanti, 2006).

Sua análise tem natureza de diagnóstico parcial e contextual, levando a decisões sobre o desenvolvimento do programa e promovendo a reflexão para a correção e o aperfeiçoamento de procedimentos e de melhores estratégias de implementação, por meio de recomendações de aprimoramento de conteúdo, objetivos, foco e metodologia, a fim de promover constantes reformulações e retroalimentar as ações (Ramos; Schabbach, 2012; Simões, 2015; Rua, 2014). Faria (1998, p. 45) alerta que o objetivo está em "fazer as coisas certas", ou seja, é o momento de articular os meios com os fins para diagnosticar eventuais falhas para se alcançar os objetivos do programa, a fim de melhorar seu funcionamento ou seu desenho.

4.2.2 Avaliação de processo

Outra forma de categorizar o processo avaliativo de monitoramento utiliza como referência seu objeto de estudo. Dessa forma, se considerarmos que o objeto de estudo do monitoramento é a identificação de como o programa ou o projeto está funcionando (Aguilar; Ander-Egg, 1994), tratamos de "avaliação de processos", seja com pesquisa, seja com métodos de monitoramento de indicadores. Sua função é a detecção dos fatores que facilitam ou dificultam o processo de implementação e de execução do programa ou do projeto, afetando diretamente as decisões cotidianas (Cohen; Franco, 1993; Draibe, 2001). Assim, uma avaliação de processos verifica a correspondência entre o previsto no desenho inicial do programa e aquilo que de fato está sendo realizado em sua implementação – os fluxos em funcionamento, os interesses e as referências que norteiam a execução de acordo com cada agente envolvido – diagnosticando possíveis falhas e riscos que não foram previstos durante a formulação do programa e visando ao seu aperfeiçoamento, por meio da interferência direcionada para seus aspectos gerais (Figueiredo; Figueiredo, 1986; Nogueira, 2002; Simões, 2015).
Entendendo que esse tipo de avaliação capta os aspectos que influenciam sua implementação, ela poderá servir de subsídio para

melhorar a eficiência operativa e a eficácia dos programas, pois possibilita correções ou adequações durante o processo e permite controlar antecipadamente o tamanho e a qualidade do efeito desejado (Figueiredo; Figueiredo, 1986; Ramos; Schabbach, 2012). Costa e Castanhar (2003) alertam que a avaliação de processos exige que o programa tenha um sistema organizado de informações gerenciais e definições mais claras dos fluxos e processos do programa. A falta dessas condições já indica, de partida, falhas entre a concepção do projeto e sua implementação, que não está sequer organizada no objeto de seu estudo e na forma como isso será feito.

> Uma avaliação de processos verifica a correspondência entre o previsto no desenho inicial do programa e aquilo que de fato está sendo realizado em sua implementação.

Para aplicar uma avaliação de processos específica, é preciso elaborar pesquisas, que podem ser realizadas por atores externos ou internos, com o emprego de técnicas variadas de coleta de informações usadas na pesquisa social. Muitos autores buscam delimitar modelos analíticos em uma perspectiva mais relacional com o programa, investigando aspectos políticos, interesses, conflitos e negociações dos programas, ou seja, utilizando-se de uma perspectiva menos quantitativa de medição de indicadores e mais qualitativa para compreender os processos em si. Dessa forma, frisamos que estamos tratando de pesquisas específicas que podem revelar questões processuais dos programas e projetos.

Para apresentar propostas sobre o que analisar em avaliações de processo, vamos nos fundamentar, principalmente, em Sônia Draibe (2001). Em especial, porque essa autora não elabora um modelo pronto de avaliações, mas anuncia pontos que qualquer pesquisa de avaliação de processos precisa desenhar para compreender melhor a vida de um programa – seu desenvolvimento vivo. Para Draibe (2001), uma pesquisa desse tipo deveria contemplar análises sobre os seguintes aspectos:

- **Dimensão temporal**: relacionada às escolhas políticas, cujo objetivo é construir apoios e diminuir resistências para sua implementação.

- **Atores estratégicos e matrizes de conflitos e cooperação**: o foco deve voltar-se àqueles que fazem parte de todo processo, desde institucionais e individuais até entes de poder decisório, e identificar apoios, coalizões e resistências ao programa que podem modificar o processo de implementação, além de captar as negociações e seus fluxos.
- **Parcerias e redes de apoio**: referem-se ao processo de distinguir atores externos que se relacionam com o programa avaliado, entre beneficiários e com programas de ações semelhantes.

A análise empregada precisa reconstituir a estratégia de implementação do desenho inicial até o momento recente do estudo, identificando fatores que atuam como facilitadores ou como obstáculos e que influenciam no cumprimento das metas e nos objetivos formulados (Unicamp, 1999; Silva; Costa, 2002; Brasil, 2016). Nesse sentido, Draibe (2001) também aponta que, no processo de implementação, há subprocessos a serem considerados. São eles:

- **Modelo gerencial e decisório**: apreensão dos aspectos relacionados aos gerentes que conduzem os processos.
- **Divulgação e informação**: verificação sobre o nível de conhecimento da população-alvo e dos executores da política a respeito da implementação, analisando clareza, abrangência e suficiência das informações.
- **Seleção**: compreensão sobre qual tipo de seleção envolvido para recrutar os executores e para escolher o público-alvo.
- **Capacitação**: identificação do tipo e do conteúdo da capacitação para os agentes implementadores realizarem as tarefas, compreensão da capacidade dos agentes para executar o programa.
- **Sistemas logísticos e operacionais**: averiguação dos recursos disponíveis e de sua suficiência nas ações planejadas e realizadas.
- **Sistemas internos de monitoramento e avaliação**: identificação das previsões de avaliações e de como o monitoramento e as avaliações internas produzem correção de rumos e outros efeitos para o desenvolvimento do programa.

Para saber mais

Exemplos de pesquisas e artigos que relatam avaliações de processo são amplamente difundidos, apontando, com frequência, os aspectos relacionados às diferenças entre o desenho do programa e sua implementação. Pesquisas como a realizada por Araújo et al. (2016) demonstram a utilização da metodologia qualitativa para compreender o processo de implementação de um programa do Sistema Único da Assistência Social (SUAS). Como forma de análise, foi elaborada uma matriz analítica, cruzando quatro dimensões avaliativas: político-institucional, cognitiva, técnico-operacional e gestão.

Outros autores utilizam metodologias quantitativas e qualitativas. Soares et al. (2010) realizaram uma sistematização e análise sobre as experiências de implementação e gestão do Serviço de Proteção e Atendimento Integral à Família (Paif) do SUAS. Na etapa quantitativa, foram entrevistadas 3.576 pessoas de uma amostra de 163 Centros de Referência da Assistência Social (Cras). A partir dos dados compilados, foi realizado um estudo qualitativo com 40 Cras distribuídos por cinco regiões do país. Os dados analisados foram divididos por eixos relacionados ao serviço avaliado, e o foco residia nas questões relacionais do programa, e não nos resultados em si.

A avaliação de processos pode encaixar-se na ideia de monitoramento, mas envolve, muitas vezes, pesquisa específica e aspectos mais genéricos do funcionamento do programa. Já alertamos para a questão da polissemia do termo *avaliação* e para a variação de classificações existentes, assim, é possível que algumas referências não identifiquem as pesquisas de avaliação de processos como um tipo de monitoramento.

Todavia, fundamentando-nos na ideia de que a avaliação de processos trata dos funcionamentos dos programas e, por isso, é realizada enquanto eles são executados. Percebemos que, ao descrever seus objetivos, há a convergência com o significado de monitoramento. Adicionalmente, justificando-se nosso entendimento e a lógica escolhida para classificar as modalidades do processo avaliativo, propomos uma concepção de monitoramento sistemático pela equipe do programa, com base em métodos de acompanhamento de indicadores.

4.2.3 Focos do monitoramento

Outra forma de classificação examina os objetivos das informações produzidas no monitoramento, podendo dividir-se em: gerencial, analítico e estratégico. Vamos analisá-los com detalhes na sequência.

- **Monitoramento gerencial**: está relacionado às tarefas de acompanhar o desenvolvimento de processos, produtos e resultados, ou seja, seu foco está no cumprimento de metas, voltado a funções administrativas para auxiliar o processo de decisão (Brasil, 2016; Jannuzzi, 2016). Cada um dos agentes envolvidos estará engajado em monitorar aspectos diferentes, para que seja possível direcionar o programa, ou seja, "equipes de coordenação central do programa estão mais envolvidas com o monitoramento de resultados; técnicos e gestores na ponta, com o monitoramento de processos; equipes de coordenação setorial do programa, com o monitoramento de produtos" (Jannuzzi, 2016, p. 110). O monitoramento gerencial é constantemente utilizado em projetos de empréstimo de organismos internacionais, como o Banco Interamericano de Desenvolvimento (BID).
- **Monitoramento analítico**: produz informações para justificar o funcionamento das atividades dos programas, com análise comparativa de indicadores ao longo do tempo (Brasil, 2016; Jannuzzi, 2016). O foco está em compreender as relações de associação e causalidade entre atividades e produtos, produtos e resultados, e resultados e impactos potenciais durante a execução do programa. Entre eles, informações sobre fluxos de desembolsos financeiros, de realização de atividades-meio, de entrega de produtos e de inferência de efeitos nos programas em seus públicos-alvo (Jannuzzi, 2016).

Ao passo que o monitoramento gerencial pretende identificar em conjunto, nos níveis de atuação da gestão, se resultados, produtos e processos estão sendo alcançados, o monitoramento analítico propõe-se a entender o fluxo de transformação de insumos em resultados (Brasil, 2016; Jannuzzi, 2016).

- **Monitoramento estratégico**: refere-se à integração de funções de monitoramento gerencial e analítico. Esse tipo de processo é utilizado em gestão de políticas, planos de governo mais amplos, de grande abrangência territorial e de resultados com alta repercussão. São necessários instrumentos específicos e tempestivos de coleta, processamento e análise de informações (Jannuzzi, 2016).

Independentemente do tipo ou da classificação dessa modalidade avaliativa, é necessário conhecer com profundidade o programa para que seja possível estruturar um sistema que compreenda as informações relevantes acerca dos processos-chave, dos produtos e das ações (Jannuzzi, 2016).

4.3 Métodos e técnicas para monitoramento

O monitoramento consiste em uma modalidade do processo avaliativo e, como tal, deve ser realizado com objetividade e aplicando-se conhecimentos e regras do método científico (Aguilar; Ander-Egg, 1994; Jannuzzi, 2014).

Para analisar as dificuldades relacionadas à implementação do programa ou do projeto quanto ao cumprimento dos prazos das atividades, à quantidade, à qualidade e ao custo dos insumos e à correspondência dos programas aos objetivos previstos, são necessários instrumentos e métodos capazes de demonstrar o relacionamento lógico e processual do programa. Para tornar possível uma ação efetiva de monitoramento, é necessário compreender o programa e seu funcionamento, desde os objetivos mais gerais de desenho até mecanismos e articulações mais intrínsecos, que se efetivam na fase de implementação (Unicamp, 1999; Cavalcanti, 2006). Partimos do pressuposto de que, pelo menos, na fase de sua formulação, foram construídos planos de trabalho, de ação e de atividades apontando objetivos e resultados esperados, estratégias e operações, seguindo determinado modelo de planejamento (Brasil, 2013; Cavalcanti, 2006). Assim, quanto mais bem desenhado um programa, com problema bem definido, ações explícitas e encadeadas, objetivos delimitados e indicadores claros e objetivos, mais coerente torna-se a tarefa de monitorá-lo (Ramos; Schabbach, 2012).

Em um sistema de informações, adotam-se indicadores de variados tipos como instrumentos de acompanhamento. Um sistema de informação é o modo de referenciar uma plataforma automatizada e eletrônica que reúne registros, dados, informações de forma articulada e funcional ao objetivo que o criou. Ele é orientado, portanto, para o objeto a que se quer referir – um programa, uma política, um projeto específico. Esse sistema de informações acaba se transformando no sistema de monitoramento dos programas. Como vimos no Capítulo 3, os indicadores são centrais na definição de uma estratégia de monitoramento, pois vão operacionalizar de forma objetiva conceitos abstratos e mensurar os processos e as etapas de trabalho que poderão ser observados periodicamente (Cavalcanti, 2006; Jannuzzi, 2014, 2016).

Assim, o sistema de monitoramento é elaborado com base nas características de cada programa, abarcando diferentes fontes de dados – IBGE, cadastros públicos e, principalmente, dados internos das instituições e equipamentos executores do funcionamento do programa –, os quais precisam ser integrados em uma mesma plataforma para facilitar o entendimento e a visualização gerencial do programa. Dessa maneira, são passos indispensáveis de monitoramento: (a) coleta regular de dados; (b) processamento e transmissão dos dados; (c) produção de indicadores com base nos dados brutos; (d) acompanhamento e análise da variação dos indicadores ao longo do tempo; (e) retroalimentação das atividades (Brasil, 2016).

Tendo em vista tais aspectos, vamos destacar algumas das técnicas possíveis para organizar o monitoramento de programas.

4.3.1 Mapa de processos e resultados

Tratando-se da formulação de programas, é necessário um desenho bem articulado e elaborado por abordagens multidisciplinares que compreendam a complexidade das problemáticas sociais e demonstrem a lógica processual e causal entre os recursos, as atividades e os efeitos produzidos com base em um quadro de referência conceitual para atender às demandas do problema social em questão (Jannuzzi, 2016). A partir dessas informações, o programa será implementado e, consecutivamente, monitorado e avaliado.

Um dos recursos metodológicos para descrever um programa social é o mapa de processos e resultados (MaPR), que se propõe a representar esquematicamente o funcionamento do programa, o contexto de operação, os insumos, os processos e os produtos que estão relacionados aos resultados e aos impactos esperados, assim como às condições para que isso se concretize (Brasil, 2016; Jannuzzi, 2016). O MaPR pode ser definido como:

> um arquétipo instrumental que explicita os processos críticos de um programa, seus marcos e entregas no tempo, as conexões de suas atividades, as relações de antecedências e dependências entre elas, o contexto e os pressupostos de operação do programa, e que subentende que os resultados e impactos do programa advêm da interação de componentes e das condições particulares em que o programa vive, opera, transforma-se. (Jannuzzi, 2016, p. 21)

Assim, torna-se possível visualizar, por meio de um diagrama (Figura 4.1), a lógica operacional do programa em uma leitura mais compreensiva e realista de seu complexo funcionamento, em que há diversidade de agentes, contextos e condições, pois a interpretação dos resultados compreenderá as atividades, as condições de operação e o contexto do programa. Quanto ao contexto, ele contempla a realidade concreta em que se estrutura o programa, identificando-se fatores que podem tanto favorecer quanto prejudicar o andamento do programa (Jannuzzi, 2016). Nesse sentido, o MaPR não é, necessariamente, um modelo completo para monitorar um programa, mas trata-se de um marco de referência. Ao apontar os processos-chave, as atividades críticas de sua operação cotidiana, os objetivos para os quais ele foi criado e o contexto de operação, evidenciam-se quais componentes devem ter indicadores para compor o sistema de monitoramento orientado a cada tipo de usuário (Brasil, 2016; Jannuzzi, 2016). Deve-se atentar que "é um erro comum imaginar que se pode passar direto para proposição de indicadores de monitoramento sem voltar um passo antes e restituir uma visão mais sistêmica do programa" (Jannuzzi, 2016, p. 125), ou seja, é preciso mapear logicamente o encadeamento de problemas, a proposta, a hipótese de interferência, as ações e toda a sua operação.

Figura 4.1 – **Representação gráfica do mapa de processos e resultados**

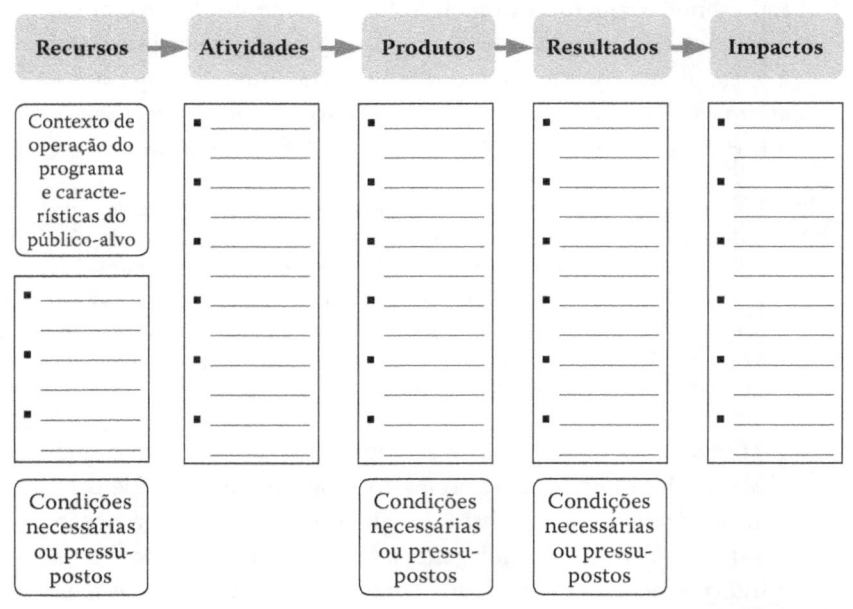

Recursos → Atividades → Produtos → Resultados → Impactos

- Contexto de operação do programa e características do público-alvo
- Condições necessárias ou pressupostos (Recursos)
- Condições necessárias ou pressupostos (Produtos)
- Condições necessárias ou pressupostos (Resultados)

Fonte: Jannuzzi, 2016, p. 30.

Quando o programa ainda necessita de maior desenvolvimento em seu desenho, outra ferramenta que pode contribuir para fazer uma primeira representação do programa é o mapa de processos em modelo espiral – técnica de desenho de projetos proposta no manual da Fundação Kellogg.

Figura 4.2 – Modelo em espiral para construção de mapa de processos

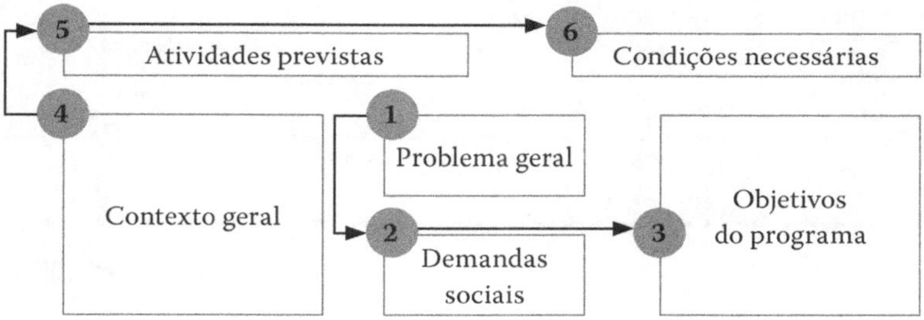

```
    5 ─────────────────────▶  6
    │  Atividades previstas      Condições necessárias
    4
                    1
                    Problema geral
    Contexto geral                        Objetivos
                    2            3        do programa
                    Demandas
                    sociais
```

Fonte: Jannuzzi, 2016, p. 23.

Conforme a Figura 4.2, os componentes são preenchidos por etapas. Em um primeiro momento, é explicitado o problema social; na segunda etapa, são demonstradas as demandas a serem tratadas no programa; em um terceiro momento, são identificados os objetivos e, posteriormente, descritos seus resultados; em uma quarta etapa, é delimitado o contexto do programa; no quinto momento, são descritas as atividades envolvidas, e, por fim, na sexta etapa, identificam-se as condições para que as atividades se desenvolvam (Jannuzzi, 2016).

4.3.2 Marco ou matriz lógica e o modelo lógico

O marco lógico, ou matriz lógica, foi elaborado pela agência alemã GTZ para o planejamento de projetos orientado por objetivos. A estrutura matricial explicita o desenvolvimento a partir de objetivos e metas e, depois desses componentes do projeto identificados, são definidos atividade, indicadores e seus meios de verificação (fontes) para complementar o preenchimento da matriz lógica.

Quadro 4.1 – Modelo de matriz lógica

Descrição	Metas	Indicadores	Meios de verificação	Premissas (fatores de risco)
Objetivo geral	Metas de impacto	De impacto	Fonte de mensuração	
Objetivos específicos	Metas de efetividade	De resultados	Idem	
Resultados imediatos	Metas de desempenho		Idem	
Atividades	Metas operacionais	De produtos e processos	Idem	

Fonte: Cassiolato; Gueresi, 2010, p. 6.

O modelo lógico, por sua vez, apresenta uma estrutura de diagrama, que dá mais ênfase à teoria que subsidia o programa e aos resultados que se espera alcançar. Também é uma representação visual que propõe organizar de maneira sintética os componentes que fazem parte de um programa: recursos, atividades (ações e operações), produtos, resultados intermediários, resultados finais e impactos, assim como as hipóteses que suportam essas relações e as influências das variáveis relevantes de contexto (Brasil, 2013, 2016).

Assim, a representação do modelo lógico é uma cadeia de conexões (Figura 4.3). Cada um de seus componentes está inter-relacionado com o outro. Assim, no componente relativo aos recursos, incluem-se aqueles insumos investidos para a realização de uma atividade, como recursos orçamentários e não orçamentários necessários e suficientes para o programa alcançar seus objetivos. As atividades referem-se às tarefas e aos processos necessários para atingir o objetivo – as ações e as operações são processos decorrentes de cada atividade – e estão relacionadas ao componente recursos e combinadas aos produtos e resultados que se pretende alcançar. Seguindo essa lógica, os produtos referem-se ao que foi alcançado diretamente mediante esforço empreendido com os recursos e as atividades. Os resultados intermediários ligam-se ao que foi produzido como consequência dos produtos, e o resultado final, ao objetivo do programa. Por fim, os impactos são as contribuições do programa para que ocorram mudanças sociais (Brasil, 2016).

Figura 4.3 – Representação da parte de estruturação do programa para o alcance de resultados no modelo lógico

Recursos → Atividades → Produtos → Resultados → Impactos

Fonte: Brasil, 2016, p. 20.

Para chegar ao traçado apresentado na Figura 4.3, é preciso, também, esclarecer a explicação do problema e as referências básicas do programa – objetivos, público-alvo e beneficiários – e a identificação de fatores relevantes de contexto (favoráveis ou desfavoráveis). Considerando essas três dimensões: a explicação do problema, a estruturação do programa voltado aos resultados e a identificação de fatores contextuais, o modelo lógico consegue identificar claramente o que se pretende com o programa e qual o funcionamento esperado, por meio de uma interpretação integrada das ações realizadas pelos agentes e das atribuições das instâncias de implementação (Brasil, 2013; Trevisan; Van Bellen, 2008).

Para explicitar e organizar a descrição do problema e suas referências, podemos empregar a técnica de sistematização chamada *árvore de problemas*, mostrada na Figura 4.4, a seguir. A partir de uma representação gráfica metafórica, descreve-se uma situação-problema – tronco –, bem como suas principais causas – raiz – e os efeitos negativos que ela provoca na população-alvo – galhos e folhas (Brasil, 2016).

Figura 4.4 – Árvore de problemas e sua representação

CONSEQUÊNCIAS: Conseq. 1, Conseq. 2, Conseq. 3

PROBLEMA

CAUSAS: Causa 5, Causa 3, Causa 2, Causa 4, Causa 6, Causa 1

T.SALAMATIK/Shutterstock

Fonte: Brasil, 2016, p. 56-57.

A construção dessa técnica envolve um grupo de pessoas que discutirá os problemas demandados e refletirá sobre suas causas e os possíveis efeitos negativos que eles podem gerar (Brasil, 2016).

Para apresentar questões de contexto, utilizamos a ideia de diagrama, expondo fatores favoráveis, oportunidades para o programa avançar, e desfavoráveis, apontando riscos e dificuldades que podem prejudicar o programa. A ideia de diagrama de contexto do modelo lógico complementa o esquema de monitoramento. Em outras técnicas, por exemplo, no marco lógico, complementa-se a matriz inicial com uma matriz de riscos, avaliando seu impacto e a probabilidade de isso ocorrer.

Para pensar sobre as diferenças entre os formatos de matriz lógica e o diagrama do modelo lógico, Cassiolato e Gueresi (2010, p. 6) explicam que estão relacionadas aos propósitos diferenciados já mencionados anteriormente: matriz lógica para o planejamento de projetos, como instrumento auxiliar de decisão e monitoramento da execução por parte do financiador ou alocador de recursos, e estrutura lógica para organizar referências para avaliação, com ênfase maior à explicitação da teoria do programa, do que propriamente aspectos relacionados ao seu gerenciamento, ainda que esses também sejam partes integrantes do modelo lógico.

Existem outras ferramentas gerenciais de projetos que contribuem tanto para o planejamento dos programas quanto para seu monitoramento. Nas propostas de acompanhamento de financiamentos do Banco Interamericano de Desenvolvimento (BID, 2015), utilizam-se instrumentos como plano de execução do projeto, plano operacional anual, plano de aquisições, matriz de resultados (esta muito semelhante a um marco lógico), matriz de riscos, matriz de comunicação, entre outros.

4.3.3 Painel de monitoramento

Para todas as técnicas de monitoramento, é possível construir um painel de monitoramento. Ele pode ser considerado um modelo sistêmico que abrange o controle sobre as demandas, os recursos, o processo, os produtos e os resultados de um programa (Tamaki et al., 2012).

Nesse modelo, agrupa-se um conjunto de indicadores sobre determinada realidade, sendo aqueles de maior relevância os que mostram aspectos cruciais e mais visíveis para mostrar uma visão geral sobre o programa. Entre os indicadores selecionados, devem constar aqueles referentes ao seu contexto de operação e os relacionados aos efeitos de dimensões socioeconômicas externas não controláveis (pressupostos) que podem potencializar ou dificultar sua operação (Brasil, 2016, 2013; Jannuzzi, 2016).

As informações resultantes do painel serão representadas por meio de tabelas e gráficos que mostrarão a evolução do comportamento dos indicadores do programa ao longo do tempo, permitindo visualizar se os objetivos estão sendo alcançados e os efeitos esperados, bem como auxiliando na indicação de quais aspectos precisam ser melhorados (Brasil, 2016, 2013). O painel é uma plataforma que pode ser disponibilizada para agentes internos ao programa ou, até mesmo, em meio aberto.

Um painel de monitoramento exige algumas definições prévias, quais sejam: objeto, finalidade a ser monitorada e público-alvo que usará o painel. Dessa forma, na definição do objeto e de sua finalidade pergunta-se se o foco será gerencial, analítico ou operacional para determinar os tipos de indicadores para o painel – de insumos, processos ou resultados. Outro ponto é quem fará uso dessas informações: gestor ou nível técnico-operacional, pois isso influencia na definição de quais informações são relevantes na construção do painel (Brasil, 2016; Jannuzzi, 2016).

O painel de monitoramento tem seu uso vinculado aos executores do programa, em seus diversos níveis. Com isso, indicamos sucintamente cinco etapas de construção do painel:

- **Etapa 1**: identificação dos objetivos, das ações e da lógica de intervenção do programa – o modelo lógico pode auxiliar nessa etapa, pois permite a visualização da estrutura do programa como um todo.
- **Etapa 2**: especificação dos eixos analíticos que vão orientar a escolha dos indicadores e a unidade de análise das informações, por exemplo, municípios ou equipamentos.
- **Etapa 3**: realização da coleta de dados e definição dos indicadores do contexto que permitirão acompanhar o desenvolvimento do programa.
- **Etapa 4**: processamento dos indicadores do programa (de insumo, processo, resultado e impacto) que estão mais relacionados, observadas as propriedades mais relevantes para o programa.
- **Etapa 5**: organização do painel por três níveis de indicadores: chaves, complementares e específicos, sendo apresentados no formato de gráfico para análise (Brasil, 2016).

Como salientamos no Capítulo 3, os indicadores devem ter objetividade para alcançar as dimensões que serão analisadas, bem como devem ser consistentes, inteligíveis e acessíveis. O painel de monitoramento não requer a seleção de grande quantidade de indicadores, mas de indicadores relevantes, que auxiliem o processo de análise (Brasil, 2016; Jannuzzi, 2016).

Diante do exposto, é possível identificar que a implementação de um programa pode ser acompanhada e monitorada de diversas maneiras. Exige que o programa seja pensado desde seus objetivos mais conceituais até as estratégias operacionais a serem executadas, de modo a selecionar os indicadores fundamentais na demonstração de como funciona o programa.

> **Questão para reflexão**
>
> Esses métodos e técnicas são aplicáveis a todos os graus de abrangência de intervenção: políticas, programas e projetos?

4.4 Monitoramento no Brasil

Agora que já apresentamos os métodos para realizar o monitoramento de programas e políticas públicas, vamos demonstrar como está o processo de monitoramento no Brasil.

A Constituição Federal de 1988 (Brasil, 1988) menciona a necessidade de realizar um processo avaliativo para controle interno da gestão pública, por meio da análise de conformidade de estruturas, processos e resultados com o estabelecido em lei. A partir da Portaria n. 198, de 18 de julho 2005, do Ministério do Planejamento, Orçamento e Gestão (Brasil, 2005), passou a existir a obrigatoriedade do registro de informações do desempenho físico das ações do Plano Plurianual (PPA) pelos coordenadores de ação, como também das restrições à execução e providências adotadas para sua superação em sistema específico. Assim, avaliar e monitorar os programas e políticas públicas passa a se constituir como investigação das políticas e programas governamentais de acordo com o que dispõe o PPA (Simões, 2015).

Perguntas & respostas

O que é o PPA?

Ao lado da Lei de Diretrizes Orçamentárias (LDO) e da Lei de Orçamento Anual (LOA), o Plano Plurianual (PPA) é responsável pelo planejamento da ação governamental – é elaborado a cada quatro anos – e contém diretrizes, objetivos, metas de despesa e parâmetros de avaliação e monitoramento dos programas. Complementarmente, a LDO e a LOA vão planejar o orçamento disponível para efetivar o PPA (Ramos; Schabbach, 2012; Simões, 2015). Assim, há um processo de planejamento que deve estar previsto em lei para a utilização do recurso público com o programa em questão. Para identificar se o recurso deve ser continuado ou não, é necessário que o programa seja monitorado, identificando-se continuamente o andamento de suas atividades e os resultados alcançados.

Ações governamentais e legislativas como as citadas deveriam proporcionar a incorporação de práticas de avaliação nas rotinas e nos processos de trabalho, a fim de executar o processo avaliativo. Porém, o que de fato tem acontecido é que esses processos preconizados pelo PPA tornaram-se simples relatórios anuais, com índices de execução física e financeira das ações orçamentárias e de indicadores dos programas quanto a seus objetivos, não analisando os dados para retroalimentar o ciclo, ou seja, o monitoramento passou a ser apenas fiscalizatório, e não entendido como possibilidade de controle social (Lobo, 1998; Simões, 2015).

Aos poucos, o interesse por implantar mecanismos de monitoramento vem aumentando pelos diferentes níveis de governo, o que demonstra preocupação com uma gestão pública de programas sociais mais eficiente (Brasil, 2016). Porém, esse ainda é um processo incipiente, que necessita de mais estudos na área, de mais desenvolvimento de sistemas adequados à gestão pública e de reconhecimento pelos gestores da importância da utilização de informações reutilizáveis.

Estudo de caso

O Estado do Paraná, em parceria com o Banco Mundial, desenvolveu o "Projeto Multissetorial de Desenvolvimento do Paraná", cujo objetivo era a promoção do acesso a oportunidades de desenvolvimento econômico e humano mais equitativas e ambientalmente sustentáveis.

Para organizar o acompanhamento das ações dos programas envolvidos, adotou-se uma sistemática de monitoramento a partir da metodologia do modelo lógico, em que foram estabelecidos diagramas com indicadores para cada um dos cinco setores envolvidos no projeto – desenvolvimento rural, meio ambiente, saúde, educação e gestão do setor público (Paraná, 2014). Para cada um dos setores foram desenhadas árvores de problema, além dos diagramas. Os indicadores foram categorizados de acordo com o fluxo do diagrama do modelo lógico (ver Figuras 4.3. e 4.4), sendo de produto, processo, de resultados intermediários, de resultados e impacto.

No setor de desenvolvimento rural, o objetivo relacionado ao projeto era "aumentar a participação dos agricultores familiares em atividades agrícolas mais rentáveis, apoiando a organização, o planejamento e práticas ambientais, sociais e econômicas sustentáveis" (Paraná, 2014, p. 16). Assim, estão envolvidos dois programas: o Pró-Rural, com objetivo de fomentar a inserção socioprodutiva dos agricultores familiares beneficiários, e o Programa Gestão de Solos e Água em Microbacias, cujo objetivo é incrementar a gestão sustentável dos recursos naturais. É possível visualizar a construção do modelo lógico na Figura 4.5, a seguir.

Figura 4.5 – Diagramas com modelos lógicos do Programa Pró-Rural e do Programa de Gestão de Solos e Água em Microbacias

Diagrama 1 – Referências básicas para o Programa Pró-Rural

	Objetivo geral	Objetivos específicos
Programa Pró-Rural	Aumentar a competitividade dos agricultores familiares na região central do Paraná de forma sustentável, nas dimensões ambiental, social e econômica	Fortalecer a capacidade organizacional e gerencial da ATER Pública
		Desenvolver e apoiar os mecanismos de formação de capital humano e social
	Público-alvo Agricultores familiares da região central	Fortalecer as organizações e as associações
	Beneficiários 30 mil famílias de agricultores familiares	Ampliar ou inovar as oportunidades de negócios sustentáveis
	Critérios de priorização 1) Municípios da Região Central com IDH-M inferior à média do Estado; 2) Proporção de famílias pobres – renda per capita de até ½ salário mínimo – superior a 30 %	Fomentar o gerenciamento da infraestrutura viária rural
		Incentivar o processo de regularização fundiária

(continua)

(Figura 4.5 – conclusão)

Diagrama 2 – Referências básicas do Programa Gestão de Solos e Água em Microbacias

Programa Gestão de Solos e Água em Microbacias

Objetivo geral

Modernizar o planejamento e a gestão ambiental para a correta utilização dos recursos naturais

Público-alvo
Modernizar o planejamento e a gestão ambiental para a correta utilização dos recursos naturais

Beneficiários
28.800 famílias de 350 microbacias priorizadas

Objetivos específicos

Organizar sistemas de informação estratégicos para a gestão ambiental

Estabelecer um programa de capacitação, comunicação e educação ambiental voltado às políticas sustentáveis de manejo de solos, água e biodiversidade

Planejar, junto à sociedade, uma agricultura mais sustentável e harmônica com a conservação dos recursos naturais

Prover água em qualidade e quantidade necessárias para a população das microbacias

Critérios:
1) Áreas de agricultura e pecuária intensivas com problemas de erosão, uso intensivo de agrotóxicos e fertilizantes;
2) Áreas de alta fragilidade de solos (Arenitos Caiuá e litoral paranaense);
3) Municípios da Região Metropolitana de Curitiba com alta demanda de água e uso intenso do solo e de agroquímicos.

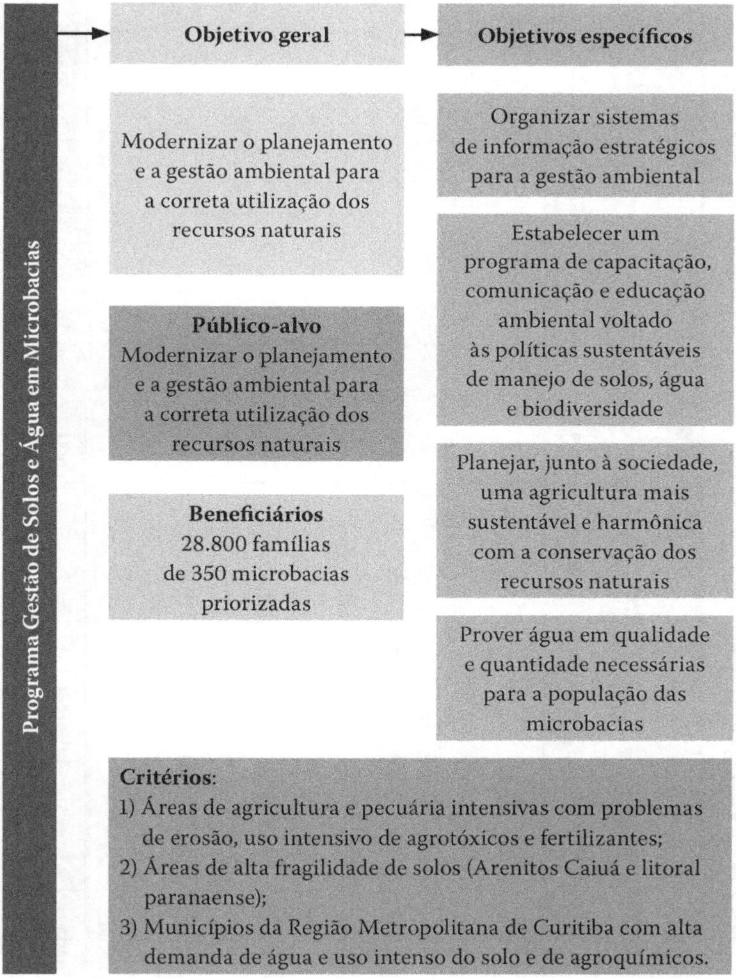

Fonte: Paraná, 2014, p. 18.

A partir da construção dos instrumentos do modelo lógico, foram selecionados 12 indicadores relacionados ao Programa Pró-Rural – identificados na matriz do Quadro 4.2, a seguir – e oito indicadores para o Programa Gestão de Solos e Água em Microbacias (Paraná, 2014).

Monitoramento

Quadro 4.2 – Indicadores de produto do Programa Pró-Rural do Projeto Multissetorial de Desenvolvimento do Paraná

Produto	Unidade de medida	Programa de gastos elegíveis					Indicador de desempenho	
		Realizado			Metas anuais	Total realizado	Indicador	%
		Até 12/12/2013	De 01/2014 a 06/2014	2014			
102 escritórios reformados, 100 veículos adquiridos e rede de TI da Emater modernizada	Número	82	0	102	82	Taxa de escritório reformado	80,39
	Número	131	0	100	131	Taxa de veículos adquiridos	131,00
250 técnicos capacitados através da realização de 103 cursos	Número	897	123	100	1.020	Taxa de técnicos capacitados	1020,00
50 convênios firmados para aquisição de 30 carros e/ou 50 kits equipamentos de informática	Número	NA	NA	NA	NA	Taxa de convênios firmados	NA
21 mil famílias atendidas pela ATER pública oficial	Número	10.121	10.056	2.000	20.177	Taxa de famílias atendidas	1008,85
9.600 pessoas capacitadas através de 320 cursos	Número	12.650	669	600	13.319	Taxa de pessoas capacitadas	2219,83
210 propostas de negócios financiados	Número	0	0	30	0	Taxa de propostas de negócios	0,00

(continua)

(Quadro 4.2 – continuação)

Produto	Unidade de medida	Programa de gastos elegíveis					
		Realizado		Metas anuais	Total realizado	Indicador de desempenho	
		Até 12/12/2013	De 01/2014 a 06/2014	2014		Indicador	%
75 projetos-piloto e iniciativas inovadoras apoiadas	Número	NA	NA	NA	NA	Taxa de projetos-piloto e iniciativas inovadoras apoiadas	NA
4.000 processos ajuizados	Número	815	0	600	815	Taxa de processos ajuizados	135,83
6.200 lideranças capacitadas através de 206 eventos	Número	4.554	177	500,00	4.731	Taxa de lideranças capacitadas	946,20
7 consórcios intermunicipais apoiados mediante a disponibilização de patrulhas rodoviárias e de recursos para o custeio de adequação de estradas	Número	NA	NA	NA	NA	NA	NA

Monitoramento

(Quadro 4.2 – conclusão)

Produto	Unidade de medida	Programa de gastos elegíveis					Indicador de desempenho	
		Realizado		Metas anuais	Total realizado	Indicador	%
		Até 12/12/2013	De 01/2014 a 06/2014	2014			
1.600 operadores e 400 gestores capacitados na execução e gestão de estradas rurais	Número	0	0	300	0	Taxa de operadores capacitados	0,00
	Número	0	0	40	0	Taxa de gestores capacitados	0,00
7 planos de gestão e conservação de estradas rurais elaboradas	Número	NA	NA	NA	NA	Taxa de plano de gestão elaborados	NA

Fonte: Paraná, 2014, p. 19.

Além de indicadores de produtos, foram selecionados indicadores de monitoramento relacionados ao objetivo do Setor de Desenvolvimento Rural ligado ao projeto, como observamos no Quadro 4.3 (Paraná, 2014)

Quadro 4.3 – Indicadores de monitoramento dos programas Pró-Rural e Gestão de Solos e Água em Microbacias

Indicador de monitoramento	Unidade de medida	Meta para desembolso programado 08/2014 Abs.	Meta alcançada no período Abs.	%	Protocolo para verificação/fonte de informação
Associação de agricultores apoiados pelo projeto com melhoria do acesso e integração aos mercados produtivos	Percentual	NA	NA	NA	Relatório do M&A do projeto.
Número de agricultores familiares treinados e recebendo assistência técnica no âmbito do Pró-Rural	Número	2.000	10.056	502,8	Número de agricultores que receberam assistência técnica (serviços de extensão em produção agrícola e gestão de serviços agrícolas) e treinamento (seminários, *workshops*, cursos técnicos etc.) somente na área Pró-Rural.
Número de propostas de negócios sustentáveis aprovadas e financiadas	Número	NA	NA	NA	Lista de acordos assinados com as associações e amostra de contratos publicados no Diário Oficial do Estado.
Número de planos de ação de microbacias elaborado	Número	20	104	520	Lista de planos de ação de microbacias (elaborado de acordo com o MOP) e amostra de planos.

Nota: sinal convencional utilizado:

NA – Não se aplica.

 Indicador de desenvolvimento setorial
 Indicador de resultado intermediário
 Indicador de desempenho

Fonte: Paraná, 2014, p. 20.

Tais quadros e diagramas foram elaborados para cada um dos setores subsequentes. No setor relacionado ao meio ambiente, a atuação concentrou-se "na modernização dos processos de licenciamento e fiscalização ambiental e na reestruturação do sistema gestão, prevenção e resposta a riscos e desastres" (Paraná, 2014, p. 23), em que foram selecionados cinco indicadores de produto para o Programa Modernização do Sistema de Licenciamento Ambiental, nove para o Programa Gestão de Riscos Naturais e Antrópicos e outros seis indicadores de monitoramento.

Os autores argumentam que, a partir da aferição desses indicadores, a ação do gestor estará mais bem subsidiada. Os indicadores de produto, por se referirem ao cumprimento das ações dos programas setoriais, permitiram que os profissionais executores dos programas setoriais acompanhassem continuamente sua progressão, visualizando os avanços e as ações que precisavam ser repensadas (Paraná, 2014).

A experiência do Governo do Estado do Paraná mostra como aplicar a metodologia de modelo lógico para o monitoramento do processo de implementação de programas. Nesse exemplo, conferimos a representação visual que possibilita organizar de maneira sintética os componentes dos programas e articulá-los aos resultados esperados e aos impactos. Além disso, o exemplo sistematizou os objetivos de cada programa, de cada setor, escolhendo indicadores adequados e mais importantes para o respectivo acompanhamento. A força do método de modelo lógico é vincular a aferição aos resultados que se quer alcançar e, para tanto, é imprescindível a qualidade dos indicadores selecionados.

Para saber mais

O Instituto de Pesquisa Aplicada (Ipea) fez esforços sistemáticos de implantação de monitoramento por meio da matriz e do modelo lógico, escolhendo alguns programas para aplicar essa metodologia. Em 2005, o Governo Federal encomendou o desenvolvimento de uma proposta metodológica para avaliação de programas do PPA. A partir de então, foi desenvolvido pelo Ipea "a proposta de construção de modelo lógico, inicialmente em caráter experimental, em 2007, em 20 programas finalísticos do PPA. Em 2008, sua aplicação está em curso em mais 50 programas" (Ferreira; Cassiolato; Gonzalez, 2007, p. 5).

Há diversas iniciativas municipais, estaduais e federais tanto de métodos de monitoramento quanto de exemplos de pesquisas de avaliação de processos. Agora que você já conhece um pouco sobre conceitos e propostas, procure identificar esses exemplos nos *sites* dos órgãos e institutos públicos.

Síntese

Neste capítulo, esclarecemos que o monitoramento é realizado durante a execução do programa e está relacionado às fases de formulação e de implementação do ciclo de políticas. O monitoramento deve ocorrer de forma sistemática e contínua, tendo como objetivo analisar as dificuldades e as mudanças decorrentes da intervenção, sua repercussão imediata com relação à qualidade da implementação e os pontos a serem aperfeiçoados e potencializados.

Destacamos as possíveis classificações para esse processo avaliativo, em que é necessário considerar que se trata apenas de formas de olhar para o monitoramento. A avaliação formativa tem como finalidade produzir conhecimento para sua formação; ao passo que a classificação referente à avaliação de processo tem como foco o objeto de estudo do monitoramento, e o objetivo é compreender como o programa está funcionando. Além dessas classificações, o monitoramento pode ser categorizado quanto ao seu enfoque principal em gerencial, analítico e estratégico – formas que se diferenciam quanto ao objetivo para o qual se propõem as informações que serão acompanhadas ao longo da vida do programa.

Para uma análise consistente dos dados, afirmamos ser necessário que se utilizem métodos e técnicas que contemplem sua característica processual. Para tanto, há diversos modelos que proporcionam a visualização de todo o processo e permitem a elaboração de um sistema de monitoramento que contemple as informações produzidas durante a execução do programa, previstas como indicadores que demonstram seu desenvolvimento. Entre os modelos, está o mapa de processos e resultados, que se caracteriza por identificar diversos aspectos relacionados ao desenho (processos-chave, atividades críticas, objetivos e contexto de operação), evidenciando quais componentes devem ter indicadores para compor seu monitoramento. Também tratamos da matriz e do modelo lógico, que são uma representação gráfica matricial e em diagrama, métodos para visualizar como se espera que um programa funcione para atingir os resultados desejados. Com essas estruturas lógicas, consegue-se acompanhar sistematicamente as atividades do programa por meio de indicadores adequados para cada fase. Abordamos, ainda, o painel de monitoramento, que se assemelha a uma plataforma sintética de um conjunto de indicadores de maior relevância para monitorar aspectos cruciais e mais visíveis do programa, oferecendo uma visão geral deste.

Por fim, analisamos como o processo de monitoramento se apresenta historicamente e tem se difundido no Brasil, a partir da exigência de planejamento das políticas e de programas públicos instituídos pela Constituição Federal. Nesse sentido, mais do que uma recomendação, os entes federados devem realizar o acompanhamento de seus programas de forma sistemática. Porém, o que se observa é que essa obrigatoriedade não gera, necessariamente, uma retroalimentação no ciclo de vida de políticas, projetos ou programas.

Questões para revisão

1. Discorra sobre os aspectos mais relevantes para um sistema de monitoramento.

2. Diferencie os focos de monitoramento gerencial, analítico e estratégico.

3. Sobre o monitoramento no ciclo de políticas, assinale a alternativa correta:
   a) O monitoramento é realizado durante a execução do programa, contemplando as fases de formulação e de implementação, em que são analisados os problemas críticos que afetam o funcionamento do programa e o cumprimento de seus objetivos.
   b) As fases do ciclo de políticas estão relacionadas entre si, sendo dispensável ao processo de monitoramento ter conhecimento do projeto em todas as suas fases.
   c) O monitoramento auxilia no processo de retroalimentação do ciclo de políticas, pois compreende apenas a fase de avaliação do programa.
   d) O monitoramento deve diagnosticar as dificuldades entre as fases de implementação e avaliação dos programas, promovendo um momento de reflexão com vistas à adequação entre o plano e sua implementação.
   e) O monitoramento é um processo que analisa os efeitos e os impactos de um programa.

4. Sobre o painel de monitoramento, assinale a alternativa correta:
   a) É um modelo que visualiza como o programa foi desenhado, assim como o modelo lógico.
   b) Também conhecido como *painel de indicadores*, agrupa diversos indicadores, pois, quanto mais indicadores forem agregados, melhor será sua análise.
   c) O painel de monitoramento apresenta seus resultados em formato de gráficos, a fim de melhor visualizar a evolução do comportamento dos indicadores do programa ao longo do tempo.

d) A partir dos indicadores disponibilizados, é possível identificar as causas das dificuldades de execução do programa.
e) Independentemente da finalidade do monitoramento (analítico ou gerencial), podem ser utilizados os mesmos tipos de indicadores.

5. Com relação aos métodos e às técnicas a serem utilizados para realizar o monitoramento, assinale a alternativa correta:
   a) O processo de monitoramento considera o desenho do programa como aspecto irrelevante.
   b) A metodologia utilizada para monitoramento deve contemplar o objetivo de identificar o resultado finalístico do programa.
   c) As regras do método científico não são utilizadas para realizar o monitoramento.
   d) Diferentemente do modelo lógico, o mapa de processos e resultados possibilita a visualização em formato de gráfico do andamento dos indicadores.
   e) O modelo lógico apresenta dados sistematizados em diagrama de cada uma das etapas do programa, auxiliando na escolha de indicadores adequados a cada fase.

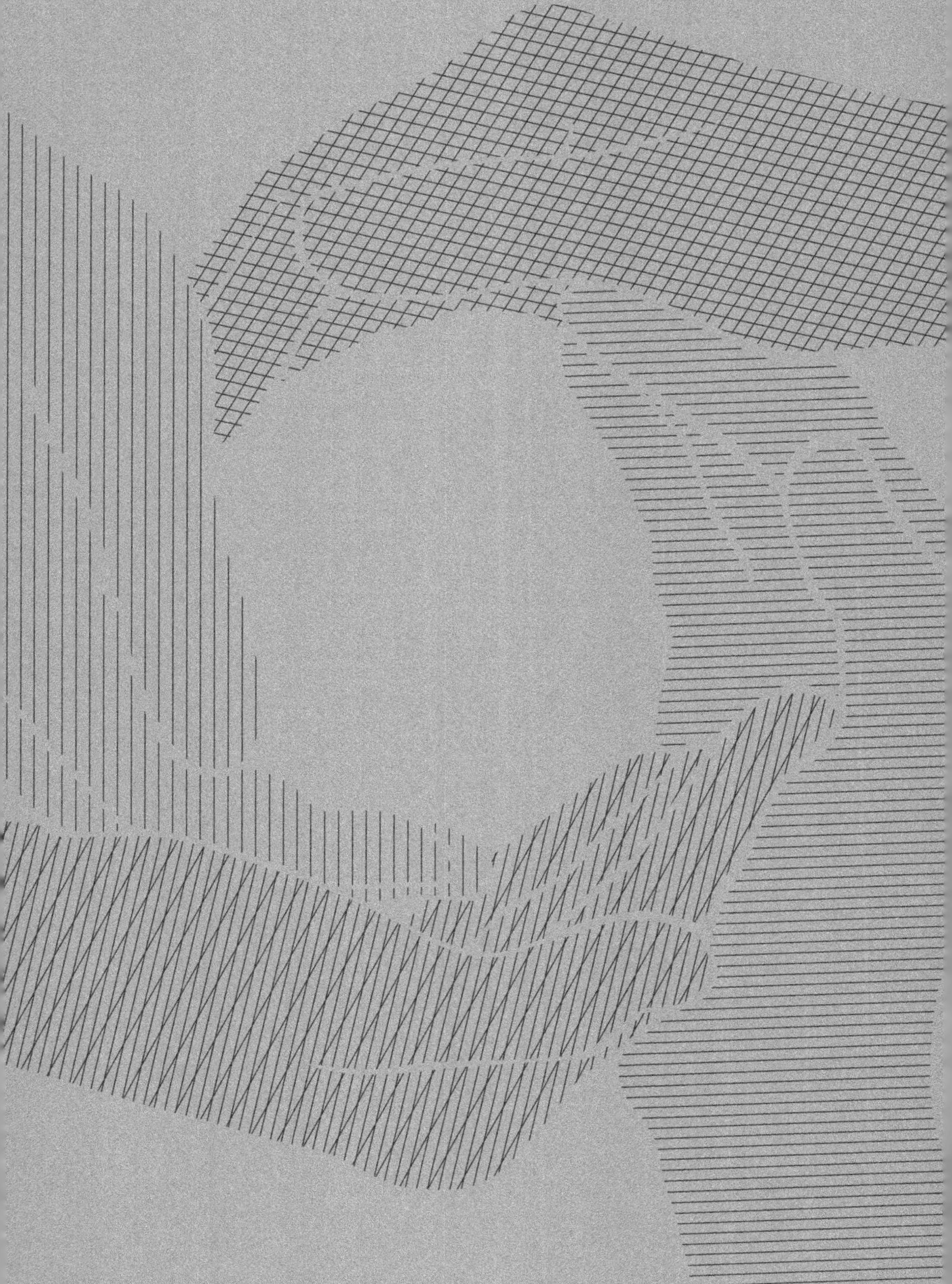

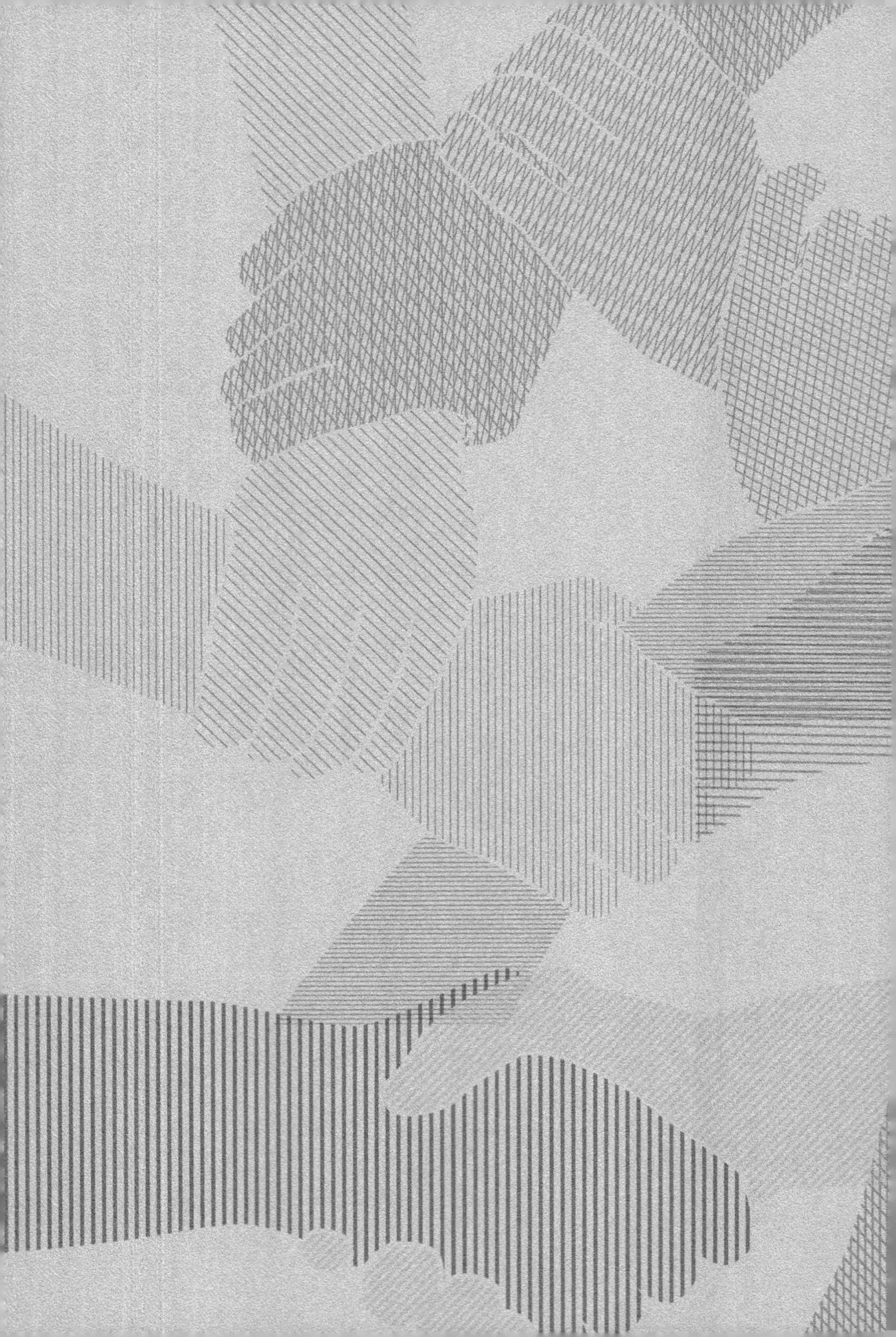

CAPÍTULO 5

Avaliação: tipos e métodos

Conteúdos do capítulo:
- Planejamento da avaliação.
- Tipos de avaliação.
- Métodos e modelos usuais de avaliação.

Após o estudo deste capítulo, você será capaz de:
1. delimitar a avaliação no ciclo de políticas;
2. identificar as tipologias de avaliação;
3. distinguir os diversos métodos de avaliação.

Quanto ao conceito de processo avaliativo relacionado ao ciclo de vida das políticas, há uma pluralidade de definições relacionadas (Jannuzzi, 2016). Para dar início a esta seção, vamos retomar o conceito e a finalidade de avaliação sob uma perspectiva pragmática e aplicada, a fim de apontar os diversos tipos relacionados ao termo, bem como os possíveis métodos que poderão ser utilizados.

5.1 Conceitos de avaliação

Já assinalamos que, o ciclo de políticas é um recurso didático para o entendimento do processo de formação de políticas públicas, sendo composto por diversas etapas que se retroalimentam e reconduzem à intervenção pública. Cada uma de suas fases está intrinsecamente relacionada com as outras e apresenta características diferentes, que oferecerem informações específicas do estágio em que cada projeto, programa ou política se encontra (Cavalcanti, 2006; Jannuzzi, 2011; 2016; Simões, 2015). Assim, cada etapa do ciclo relaciona-se a uma modalidade avaliativa diferenciada.

No processo avaliativo relativo ao ciclo de políticas, há a necessidade de diferentes avaliações, que requerem abordagens metodológicas distintas. A escolha de métodos e técnicas, exclusivos ou mistos, deve ocorrer de forma a contemplar as necessidades relevantes para cada etapa, e não em função de preferência, familiaridade ou facilidade do avaliador (Saul, 1998; Jannuzzi, 2011). Assim, em sentido *lato sensu*, a ideia de avaliação permeia todas as etapas do ciclo e pode levar a melhorias e redesenhos nos projetos e nos programas.

Também esclarecemos que a avaliação *stricto sensu* é compreendida como uma das etapas especificamente posterior ao processo de implementação de um programa ou projeto, cuja finalidade consiste em produzir evidências para identificar os resultados e os impactos mais abrangentes da intervenção pública. Essa fase de avaliação aprecia os programas já implementados no que diz respeito a seus impactos efetivos, os déficits de impacto e os efeitos não esperados, positivos e negativos, com intuito de extrair consequências para ações e programas futuros. Dessa forma, analisa eficiência, eficácia e efetividade do projeto/programa, identificando se o custo é sustentável ao longo do tempo e se os efeitos sociais obtidos são relevantes e maiores que outros projetos/programas (Cavalcanti, 2006; Jannuzzi, 2016).

Para que a fase de avaliação e correção de rumos aconteça, é necessário haver uma programação de execução. Portanto, deve-se criar um plano de avaliação, em que se estabeleçam os momentos avaliativos adequadamente, a fim de garantir que os resultados produzidos sejam relevantes para o programa (Cavalcanti, 2006; Jannuzzi, 2016).

O planejamento deve ser pensado desde o momento da formulação do programa, quando são determinados os objetivos, as hipóteses e as estratégias de intervenção, identificando e definindo os indicadores de insumo, produto, processo, resultados e impactos que vão medir as etapas do programa. Esse planejamento contribui para um bom desenho do projeto/programa. É preciso sempre lembrar que se faz a avaliação com base em um referencial do que se quer atingir, ou seja, ela julga se os objetivos do programa e as estratégias que ele possui produzem o efeito que pretende, demonstrando seu desempenho.

> A escolha de métodos e técnicas, exclusivos ou mistos, deve ocorrer de forma a contemplar as necessidades relevantes para cada etapa.

Assim, ao se pensar todo o processo avaliativo, selecionam-se os melhores métodos e técnicas visando compreender as etapas de formulação, implementação e desempenho dos programas. Agora, retomado os principais aspectos relacionados ao conceito e ao planejamento da avaliação, vamos conhecer alguns tipos.

5.2 Classificações gerais de avaliação

Os livros e os manuais mais tradicionais sobre avaliação apresentam uma diversidade de classificações para o tema, havendo um campo complexo de alternativas. Para quem não está inserido no contexto da avaliação propriamente dita, pode até parecer confuso e pouco útil, porém, isso possibilita a compreensão de como se pode desenhá-la, ou seja, ao pensar nas avaliações de projetos/programas, essas classificações servirão de embasamento.

A variedade e a natureza da classificação de avaliação de políticas, programas e projetos dependerão do olhar sobre as distintas dimensões, momentos e etapas do fenômeno a ser avaliado e das demandas de informação e conhecimento ao longo do ciclo de desenvolvimento de um programa (Draibe, 2001; Jannuzzi, 2014). Como vimos no Capítulo 2, estamos diferenciando o processo avaliativo de acordo com o ciclo de políticas. Neste capítulo, mais uma vez, alertamos que trataremos da avaliação em seu sentido *stricto sensu*, ou seja, dos modelos que avaliam o programa ou o projeto na etapa posterior à sua implementação.

Há maneiras diferentes e independentes de classificar avaliações, por exemplo, em que se destaca a finalidade da avaliação, a procedência dos avaliadores ou o objeto de avaliação. É importante situar que, em geral, os autores (Aguilar; Ander-Egg, 1994; Simões, 2015) ressaltam que as categorizações não são excludentes entre si e estão divididas de maneira didática para facilitar a compreensão. Vejamos essas distinções.

5.2.1 Procedência dos avaliadores

Nessa perspectiva, a pergunta relacionada é: Quem irá avaliar? Assim, a distinção está relacionada à posição do avaliador, ou seja, o agente que realiza a avaliação. Destacamos essas modalidades a seguir.

- **Avaliação externa**
Nessa modalidade, os avaliadores são pessoas que não pertencem à instituição que executa o programa em avaliação. Podem ser especialistas contratados pelo órgão executor para avaliar aspectos e atividades pontuais ou a totalidade do programa ou algum pesquisador que solicite realizar uma avaliação no programa, bem como pode ser um órgão público que tenha como função ser avaliador, por exemplo, o Tribunal de Contas da União e dos estados (Aguilar; Ander-Egg, 1994; Simões, 2015).

Como o processo de assessoria e consultoria ocorre pela contratação de profissionais especializados, externos à instituição, isso garante a qualificação em metodologias de avaliação. Além disso, como essas pessoas não estão envolvidas no processo de execução, há uma maior isenção do avaliador diante do programa, o que, portanto, garante uma maior objetividade no processo de avaliação. Outra vantagem está na possibilidade de comparar os resultados com outros programas similares (Ramos; Schabbach, 2012; Simões, 2015).

Por outro lado, há desvantagens, pois, para um avaliador de fora do processo de execução, é mais difícil compreender e captar todos os fatores que afetam a avaliação do programa e há maior dificuldade em obter seus dados. Ainda há de se considerar que, quando há uma demanda externa para avaliação de certos programas, os executores poderão apresentar maior resistência e uma posição mais defensiva dos que terão seu trabalho avaliado. Nesses casos, os gestores acabam por oferecer informações parciais para que o programa seja mais bem avaliado (Aguilar; Ander-Egg, 1994; Ramos; Schabbach, 2012). É importante entender que o avaliador externo depende do acesso aos dados do programa, que devem ser disponibilizados pela equipe que o implementa.

- **Avaliação interna**
 Diz-se *interna* porque é realizada por pessoas que pertencem à instituição que executa o programa, o que permite maior colaboração de quem participa diretamente do programa-projeto. Uma das principais vantagens é que esses avaliadores têm maior conhecimento e familiaridade com o programa e as bases de dados existentes, portanto, isso proporciona mais reflexão, apropriação e aprendizagem do processo de avaliação e de seus resultados para a continuidade do programa. Da mesma forma, há menor resistência do que haveria a um avaliador externo e, em casos de novas demandas, há maior flexibilidade em adaptar o curso da avaliação (Aguilar; Ander-Egg, 1994; Simões, 2015).
 Já as principais desvantagens são decorrentes justamente do envolvimento com o programa, o que pode proporcionar menos imparcialidade e mais riscos de não garantir a objetividade necessária, visto que os avaliadores também são partes interessadas no processo. Evitar dados negativos e enfatizar informações positivas são mecanismos de preservação que podem prejudicar um retrato mais fidedigno do que acontece no programa. Arretche (1998) afirma que, quando os próprios órgãos governamentais realizam a avaliação, pode haver uma tentativa de minimizar seus elementos de fracasso por meio de incentivos para que sejam mostrados apenas aspectos de sucesso do programa. As razões para tal comportamento são as mais diversas e compreendem desde a tentativa de manutenção dos próprios empregos até o interesse em aumentar suas margens de poder e de gasto (Aguilar; Ander-Egg, 1994; Simões, 2015).

> Evitar dados negativos e enfatizar informações positivas são mecanismos de preservação que podem prejudicar um retrato mais fidedigno do que acontece no programa.

- **Avaliação mista**
 Refere-se à tentativa de minimizar as desvantagens e de potencializar as vantagens, tanto da avaliação interna quanto da externa, sugerindo uma combinação dessas modalidades.

Nesse caso algumas atividades são compartilhadas entre agentes internos e externos no esforço da avaliação, pois assim há, ao mesmo tempo, mais proximidade com a realidade do programa, mais cooperação entre os agentes envolvidos (gestores e avaliadores internos e externos), além da garantia de uma maior objetividade e clareza sobre efeitos negativos e positivos observados durante o processo de avaliação (Aguilar; Ander-Egg, 1994; Ramos; Schabbach, 2012).

Em qualquer nível de participação dos avaliadores, o apoio dos formuladores é indispensável para a execução de avaliações. Dados e concepções da política, do programa ou do projeto precisam estar claros e disponíveis, e os formuladores/gestores devem estar convencidos de que é importante avaliar e estar de acordo com a legitimidade do desenho avaliativo proposto para a retroalimentação do ciclo da política. Do contrário, recursos serão desperdiçados.

Para saber mais

FELICIANO, K. V. de O. A relação entre o avaliador e o objeto avaliado. **Revista Brasileira de Saúde Materno Infantil**, Recife, v. 5, p. S83-S92, dez. 2005. Disponível em: <http://www.scielo.br/pdf/rbsmi/v5s1/27844.pdf>. Acesso em: 25 jun. 2019.

Há diversas críticas sobre a aproximação ou o distanciamento que o avaliador deve ter do objeto de estudo. Alguns autores afirmam a necessidade de neutralidade do avaliador diante do que será estudado, porém, outros alegam que o processo avaliativo deve ser uma atividade corriqueira dos profissionais que atuam no programa, e não policialesca ou fiscalizatória.

Katia Virginia de Oliveira Feliciano publicou artigo argumentando sobre essa relação entre o avaliador e o objeto de avaliação. Vale a pena a leitura!

5.2.2 Objeto de avaliação

Outro critério de classificação das avaliações trata dos aspectos e dos componentes do programa que são objeto de avaliação. Há uma ampla diversidade de classificação, a depender do ponto de vista do autor (Aguilar; Ander-Egg, 1994). Por isso, não se admire ao ler outros livros em que aparecem conceituações diferentes, as quais podem incluir ou excluir itens. Nesta seção, vamos tratar de alguns dos principais tipos envolvidos no conceito de avaliação *strictu senso* – avaliações posteriores à implementação de projetos e programas.

- **Avaliação de resultados**
  Esse tipo de avaliação propõe o estudo de resultados e efeitos de um programa. Sua análise é realizada após sua implementação ou conclusão – tendo natureza *ex post*, ver Seção 5.2.3 –, identificando em que medida o programa alcançou seus objetivos, seus efeitos e suas consequências (Draibe, 2001; Cavalcanti, 2006).

  A proposta desse tipo de avaliação é analisar a eficácia e a efetividade do programa ou do projeto, pois o objetivo é examinar os benefícios proporcionados aos participantes, evidenciando as modificações na situação-problema (Faria, 1998; Chianca, 2001; Draibe, 2001; Marino, 2003; Trevisan; Van Bellen, 2008).

  Aguilar e Ander-Egg (1994) afirmam que esse tipo de avaliação tem maior complexidade de aplicação, pois depende de metas estáveis, precisas, previamente selecionadas e permanentes, o que é muito difícil de conseguir (Costa; Castanhar, 2003; Trevisan; Van Bellen, 2008).

  A avaliação de resultados busca aprofundar-se em impactos e no desempenho dos programas, por isso, acabam sendo relacionadas especificamente como avaliações de impacto ou avaliações econômicas. Realizar uma análise de resultados incompleta, em que não se relacionam impactos com processos do programa, não é mais suficiente nem aceitável, tendo em vista o aprofundamento de métodos e técnicas avaliativas que ocorreram nos últimos 30 anos. Apresentar resultados sem identificar linhas de causalidade, de efeitos inesperados e externalidades e associar diretamente com efeitos do programa, distinguindo fatores exógenos que podem influenciar resultados, pode acabar ignorando possibilidades de comparar medidas de intervenção e avançar na melhoria dos desenhos dos programas, tendo em vista o que se aprendeu com avaliações anteriores. Se a avaliação dos resultados não se aprofunda, e eles não são destrinchados e distinguidos de efeitos gerais, crenças preexistentes podem sobrepor-se a um real acúmulo de conhecimento sobre causalidades e efeitos que o programa tem.

Atenção

Existem outros tipos de avaliação classificados quanto ao seu objeto, como aqueles que enfatizam a discussão sobre o desenho do programa (avaliação política) ou sobre processos e funcionamento do programa. São também chamadas de *avaliações intermediárias*, tendo como objetivo identificar o desenvolvimento do programa. Esse tipo de avaliação está relacionado ao processo de monitoramento, como vimos no Capítulo 4.

Avaliação de impacto
É uma dimensão da avaliação de resultados em que se verificam se as mudanças nos resultados da implantação são atribuíveis diretamente ao programa (Figueiredo; Figueiredo, 1986; Nogueira, 2002). Nas palavras de Gertler et al. (2007, p. 8):

> o enfoque na causalidade e atribuição de resultados é a característica distintiva das avaliações de impacto. Para poder estimar o efeito causal ou impacto de um programa sobre os resultados, qualquer método escolhido deve estimar o chamado contrafactual, isto é, qual teria sido o resultado para os participantes do programa se eles não tivessem participado do programa.

A avaliação de impacto parte do pressuposto de que o programa tem como objetivo alguma mudança social, portanto, pretende mensurar quais foram os impactos dessa mudança e estrutura na relação causal entre o programa e a mudança social provocada. De fato, todo projeto, programa ou política pública visa alterar a realidade, mas nem sempre os pressupostos e as hipóteses da intervenção estão claros e delineados em uma sequência lógica. Por isso, quanto mais transparente o desenho de um programa e mais claro o desenho de sua avaliação, mais é possível identificar essa sequência lógica e demonstrá-la para sua legitimidade (Unicamp, 1999; Costa; Castanhar, 2003; Trevisan; Van Bellen, 2008).

Dessa forma, só é possível avaliar o impacto ao fim de um programa (ou de um tempo de intervenção focalizada) para produzir estimativas confiáveis de quais são os efeitos causais e a magnitude destes (Barros; Lima, 2012; Ramos; Schabbach, 2012).

Com isso, os resultados poderão ser aplicados de forma mais ampla à população de interesse, explorando diferentes tipos de questões sobre políticas, desde a redução de programas ineficientes até a expansão de intervenções, pois, com base em suas evidências, é possível orientar decisões sobre a continuidade do projeto e identificar a replicabilidade de projetos e de programas para outras áreas e contextos (Cohen; Franco, 1993; Nogueira, 2002).

Gertler et al. (2007, p. 4) compreendem que a avaliação de impacto auxilia em todo o ciclo de políticas, pois "pode oferecer evidências críveis e robustas quanto ao desempenho e, fundamentalmente, quanto a se um programa específico atingiu os resultados desejados". Assim, pode ter extrema utilidade quando aplicada em programas-piloto que vão atestar sua efetividade e prever consequências antes de os programas e os projetos se expandirem.

Na avaliação de impacto, as análises realizadas são complexas e abrangentes, visto que contam com um escopo de atuação bastante amplo e precisam usar grandes amostras populacionais. Estudos como esses têm custo elevado e produzem resultados em longo prazo, mas, ao mesmo tempo são de alta legitimidade. Os autores indicam que sua utilização seja feita quando os programas puderem apresentar características inovadoras e de grande importância estratégica, quando houver falta de conhecimento do que está ou não funcionando no programa e quando houver dados viáveis e de qualidade (Ramos; Schabbach, 2012). A sério, todos os programas e projetos públicos deveriam fundamentar-se em dados viáveis e de qualidade, produzidos sistematicamente, em que se facilitariam acessos e mecanismos para monitoramento e desenhos de avaliações de resultado e impacto robustas.

- **Avaliação econômica ou de eficiência**
Essa avaliação analisa a relação entre os custos do programa e os resultados obtidos (Aguilar; Ander-Egg, 1994; Simões, 2015). Esse tipo de avaliação é compreendido como uma modalidade de avaliação de resultados, pois mensura a magnitude econômica do impacto com base em evidências empíricas e comparáveis (Schor; Afonso, 2007; Barros; Lima, 2012). De maneira geral, é possível definir dois tipos de análises econômicas: de custo-benefício e de custo-efetividade.

A avaliação de custo-benefício analisa os resultados e os custos que podem ser traduzidos em unidades monetárias, identificando se os custos empenhados compensam os benefícios gerados, ou seja, se são ou não rentáveis. O objetivo está em comparar os níveis de renda que serão alcançados com o projeto em contraposição aos níveis a que se chegaria sem a realização dessa avaliação, ou seja, esclarece a questão do valor que será necessário investir para alcançar determinado benefício. Essa modalidade tem sido amplamente usada por órgãos financiadores para medir a viabilidade dos programas que solicitam empréstimos, ela também auxilia na decisão entre manter e ampliar o programa financiado (Cavalcanti, 2006; Simões, 2015). Financiadores têm um rol amplo de programas financiados já avaliados e, com isso, podem definir melhor suas estratégias de subsídio.

A avaliação de custo-efetividade considera que nem todos os programas e projetos sociais podem ser traduzidos em unidades monetárias. O interesse está em relacionar os custos aos benefícios recebidos pelos participantes, e, portanto, em identificar o padrão de eficiência na provisão de serviços e benefícios, permitindo comparar projetos diferentes com o mesmo objetivo (Cohen; Franco, 1993; Aguilar; Ander-Egg, 1994; Schor; Afonso, 2007). Muitas vezes, programas e projetos que têm objetivos análogos apresentam pouca diferença de custo, assim, a comparação de custo-benefício será embasada nas diferenças de magnitude no impacto e no valor atribuído a esse pelo conjunto de beneficiários, ou seja, as avaliações de impacto e de custo devem ser realizadas em conjunto (Barros; Lima, 2012).

Todos esses tipos de avaliações, quanto ao seu objeto, tratam de efeitos dos programas em maior ou menor profundidade e precisam levar em consideração a comparação dos momentos anterior e posterior à intervenção.

5.2.3 Momentos de pesquisa – *ex ante* e *ex post*

A terminologia *ex ante* e *ex post* é bastante utilizada quando se aborda a avaliação. O que enfatizamos com esses termos é que, visto que se pretende alterar ou produzir uma mudança na realidade com determinados programas e projetos, há situações a serem averiguadas antes (*ex ante*) e depois (*ex post*) da implementação de uma intervenção.

Ressaltamos também que impactos e efeitos mais profundos só podem ser captados por meio da comparação entre momentos antes e depois. Assim, muitas vezes, quando se fala em *avaliações ex ante* e *ex post*, não se separam seus resultados, pois se trata de um desenho de pesquisa mais amplo para discutir impactos do programa que exigem pesquisa anterior e posterior para que os dados sejam comparados.

- **Avaliação *ex ante***
  Pode apresentar-se por nomenclaturas diferentes, como *inicial* ou *marco zero*. Esse tipo de avaliação refere-se à pesquisa que estabelece um ponto de partida de dada situação, uma linha de base sobre a realidade que está prestes a sofrer interferência

quando o programa proposto for implementado, uma análise situacional anterior para servir de parâmetro para outras fases da avaliação (Aguilar; Ander-Egg, 1994; Draibe, 2001; Marino, 2003).

As avaliações *ex ante* constituem o ponto de partida para futuras comparações do programa. Dessa forma, elas consolidam a linha de base das condições dos beneficiários do programa – indivíduos, famílias ou instituições –, já estabelecendo como ocorrerá a investigação e os diferentes contextos que poderão influenciar os resultados do programa (Cohen; Franco, 1993; Faria, 1998; Ramos; Schabbach, 2012; Jannuzzi, 2016). Elas se propõem a dimensionar os possíveis benefícios e limitações da intervenção, dado seu diagnóstico prévio das condições daqueles que serão alvo do programa.

Sob outra perspectiva, a avaliação *ex ante* em si pode ser considerada um instrumento de apoio ao processo decisório que ocorre antes da determinação sobre o modo como será feita uma intervenção, ou seja, no momento de sua formulação e de seu desenvolvimento, e não apenas antes da implementação de um programa já formulado (Rua, 2014; Cavalcanti, 2006). Nesse caso, a avaliação *ex ante* seria um diagnóstico, um estudo situacional dos problemas da área. Estudos situacionais possibilitam conhecimento prévio da realidade para produzir orientações e formulação de um programa, com suas estratégias metodológicas e de implementação adequadas às condições identificadas dos problemas.

Questão para reflexão

Qual a relação da avaliação de necessidades, analisada no Capítulo 2, com a avaliação do tipo *ex ante*?

Avaliação *ex post*
A característica fundamental da avaliação *ex post* é a possibilidade de realizar uma análise comparativa das mudanças ocorridas e identificar os resultados do programa ou projeto e seu

êxito econômico, ou seja, validar eficiência, eficácia, efetividade e impactos.

A avaliação *ex post* pode estar combinada com a avaliação *ex ante* para inferir resultados do programa, em um modelo de investigação antes e pós "tratamento". Nesse desenho combinado, as avaliações *ex ante* e *ex post* conectam-se diretamente, pois, para realizar uma pesquisa *ex post* adequada, são necessários estudos comparativos com a pesquisa *ex ante* do programa (Faria, 1998; Ramos; Schabbach, 2012). Esse modelo possibilita a aquisição de conhecimento para futuros programas e projetos, sua pertinência e validade em ser replicado ou não em outros campos de trabalho (Draibe, 2001; Nogueira, 2002; Jannuzzi, 2016).

Uma avaliação *ex post* pode não estar combinada com a *ex ante*. Nesse caso, o desenho para tentar inferir resultados exige muito mais avaliações de contexto e de outros efeitos que poderiam estar contribuindo ao mesmo tempo em que o programa ocorria. A investigação tem caráter retrospectivo e precisa incluir cuidados extras para que se conclua sobre os efeitos do programa sem ter o diagnóstico anterior das condições dos beneficiários do programa. É possível utilizar dos resultados dessa avaliação como um novo panorama sobre problemas e fazê-lo genericamente, para retroalimentar o ciclo das políticas.

5.3 Métodos de avaliação

Até aqui, delimitamos algumas classificações de avaliação. A partir de agora, vamos conhecer métodos de análise realizados para os tipos de avaliações de resultados, de impacto e econômica. Como sabemos, historicamente, havia uma valorização de processos avaliativos fundamentados em um paradigma positivista, que indicavam ser "asséptico e neutro", utilizando métodos quantitativos e experimentais. Com a evolução histórica, outras correntes de pensamento – como a fenomenologia, que "dá importância ao sujeito no processo de construção do conhecimento" (Barreira, 2000, p. 39), e a perspectiva marxista, que dá visibilidade às questões históricas e sociais – mostraram que há outras dimensões que compreendem os processos avaliativos como prática social, capaz de influenciar e ser influenciada (Saul, 1998; Trevisan; Van Bellen, 2008).

Não há um único método de avaliação, tudo depende das questões que norteiam a investigação, ou seja, o que se quer revelar com ela. O método escolhido deve produzir evidências que respondam de forma consistente aos objetivos da pesquisa de avaliação pretendida (Saul, 1998; Jannuzzi, 2011, 2014).

Outro ponto para reflexão é o tempo de análise. Como vimos no Capítulo 2, ele foi apontado como um dos motivos de descontentamento com os estudos avaliativos. Assim, avaliações devem ser realizadas a tempo de serem usadas no processo de tomada de decisão, mas, muitas vezes, os momentos de aplicação das pesquisas e seus métodos são inadequados às condições de implementação dos programas. Isso pode ter mais influência na formulação de um programa ou em seu monitoramento. Jannuzzi (2014, p. 31) exemplifica bem essa situação:

> Informação precisa, mas produzida a custos e tempo não condizentes com a tempestividade da gestão; ou, ainda, informação rapidamente produzida, mas não consistente e robusta em termos metodológicos, certamente não se presta a orientar decisões cruciais acerca dos rumos de um programa ou projeto social.

Dessa forma, o processo avaliativo deve ser compreendido como ação técnico-científica, envolvendo escolha das estratégias metodológicas, que dependem dos objetivos (explícitos ou implícitos) estabelecidos. Não é uma escolha casual, predeterminada ou em função da preferência, familiaridade ou facilidade do avaliador (Trevisan; Van Bellen, 2008; Jannuzzi, 2011).

Avaliações são feitas por meio de pesquisas, assim, é possível classificar as abordagens metodológicas em qualitativas e quantitativas. Na questão do processo avaliativo, podemos entender que pesquisas qualitativas são mais usuais para aferição do processo e funcionamento dos programas, conseguindo elucidar problemas, para dar suporte e melhorar a gestão e o desenvolvimento do programa. Pesquisas quantitativas estão mais preocupadas em mensurar metas e resultados, utilizando *surveys* e experimentos, sendo mais adequadas para a avaliação de impacto e econômica (Barreira, 2000; Jannuzzi et al., 2009; Brasil, 2015). A questão metodológica será analisada em profundidade no Capítulo 6.

Como argumentamos anteriormente, o tipo de avaliação e o método empregado devem estar adequados às perguntas que se faz, ou seja, ao que se pretende descobrir. Assim, podemos dizer que eles têm interesses complementares. Nas palavras de Barreira (2000, p. 41) "a avaliação de políticas e programas sociais envolve não apenas processo de medição ou mensuração, mas um processo mais amplo de julgamento de mérito, valor e validade". Por isso, atualmente, utilizamos concepções mais abrangentes de avaliação de programas e projetos sociais. Avaliar programas sociais é uma função complexa, e como, em geral, as perguntas são multifacetadas, é mais do que sensato que os desenhos das avaliações contemplem mais de uma abordagem e de um método de coleta de informações.

> O tipo de avaliação e o método empregado devem estar adequados às perguntas que se faz.

Compreendendo tais aspectos, apresentamos questões técnicas mais tradicionais da avaliação de resultados, impactos e econômica. Reiteramos que o avaliador, em debate com o interessado, deve saber e propor quais os métodos e as técnicas mais adequados para as perguntas a serem respondidas e quais as condições para executar a pesquisa avaliativa (Jannuzzi et al., 2009; Brasil, 2015).

As pesquisas de avaliação econômica, de resultados e de impactos podem ser do tipo experimental, quase experimental ou não experimental. Esse desenho de estudo empírico está presente em todos os debates sobre avaliações. Pesquisas experimentais e quase experimentais testam hipóteses causais, em que o programa ou projeto é visto como "intervenção", em que o "tratamento" é testado pelo quão bem ele atinge seu objetivo, medindo-se por grupo de indicadores pré-especificado. Em um desenho experimental, há duas populações equivalentes e constituídas de forma aleatória: um grupo denominado *tratamento*, no qual estarão os beneficiários do programa, e um grupo chamado *controle*, que não será de beneficiários. Essas duas situações são comparáveis para avaliar efeitos da "intervenção". No caso dos desenhos quase experimentais, também há dois grupos, porém, a seleção das populações não consegue ser aleatorizada. Havendo alguns vieses de seleção mitigáveis, a distinção é feita entre os grupos tratamento e controle, por suposição de semelhança entre eles. E no desenho não experimental, não há um grupo controle específico desde o início, podendo haver um estudo antes e um estudo depois do mesmo grupo, relacionados a outras variáveis, ou uma análise de resultados comparativos com um grupo semelhante, de caráter mais descritivo. Nesse caso, não é possível afirmar que os resultados e os impactos aconteceram por conta do programa em si ou por outras variáveis, a discussão de resultados pode pressupor efeitos gerais de contexto que independem do programa (Gertler et al., 2007; Brasil, 2015). As pesquisas não experimentais estão mais voltadas para descrever o que acontece nos programas.

5.3.1 Questões sobre a avaliação de resultados

A avaliação de resultados é uma expressão mais ampla para identificar se o programa consegue alcançar aquilo a que se propõe. Nesse sentido, ela pode se distinguir entre avaliação de impacto e avaliação econômica. Dessa forma, as técnicas utilizadas devem permitir o julgamento eficaz sobre o alcance de objetivos, efeitos e consequências do programa.

Antes de conhecermos tais aspectos técnicos, vamos nos ater a questões preliminares, que devem ser consideradas ao se realizar ou analisar impactos. Qualquer avaliação deve fundamentar-se no que pretende comparar e distinguir. Assim, há padrões de referência para se julgar o desempenho de programas e projetos. Esses padrões podem tratar das metas estabelecidas no desenho do programa; referir-se à própria teoria que fundamenta a mudança quando se propõe o programa; comparar dados históricos do programa; comparar um programa com outro que apresenta diferença normativa em sua proposta de mudanças; ou querer avaliar a relação negociada dos agentes envolvidos na implementação do programa que podem modificar a estrutura normativa do programa/projeto (Costa; Castanhar, 2003).

5.3.2 Questões técnicas sobre a avaliação de impactos

Tendo em vista que o enfoque da avaliação de impactos está relacionado às relações causais entre as ações de um programa e o resultado final obtido, o interesse está no impacto efetivo, dada a maneira pela qual o programa foi implementado (Costa; Castanhar, 2003; Gertler et al., 2007).

Dessa forma, é necessário que a escolha metodológica facilite a determinação da relação causal que o programa produziu nos beneficiários, e não a avaliação dos impactos teóricos ou potenciais previstos na formulação do programa. As avaliações de impacto, geralmente, são realizadas por meio de desenhos experimentais e quase experimentais, pois exigem a explicação do contrafactual e utilizam métodos quantitativos para coleta e tratamento dos dados e modelos estatísticos (Barros; Lima, 2012; Ramos; Schabbach, 2012).

Os dados e a análise da avaliação de impactos ocorrem de maneira quantitativa, por meio de indicadores de impacto que demonstrem o grau de variação entre a situação-problema e a situação atual (Draibe, 2001). Nesse momento, a utilização de dados qualitativos e do processo de monitoramento é necessária, pois pode fornecer perspectivas complementares sobre o desempenho do programa e sobre questões de processo que sejam críticas para informar e interpretar os resultados das avaliações de impacto.

Esses dados vão contextualizar e explicar os resultados quantitativos e desenvolver explicações sistemáticas do desempenho do programa (Gertler et al., 2007).

A intenção de avaliações de impacto ancora-se em demonstrar empiricamente se o programa tem levado para seus beneficiários os resultados ou os impactos pretendidos, comparando-os com uma situação de ausência do programa (contrafactual). Além disso, muitas vezes, um programa pode ter efeitos em agentes que não estariam envolvidos nele, o que se denomina *externalidades*. Porém, a maior dificuldade está em garantir que os impactos sejam exclusivamente do programa em questão, e não de outras variáveis que possam interferir nos resultados, o que pressupõe exigências metodológicas importantes que tornam essa avaliação complexa (Draibe, 2001; Gertler et al., 2007).

Externalidades (*spill over*) podem ser resultados positivos ou negativos não esperados, e utilizamos frequentemente seu conceito no campo de estudos da economia. É importante, nas avaliações econômicas e de impacto, identificar as externalidades para avaliar se os efeitos do programa estão sendo atingidos para além de seu público e que se explore essa forma de alcance.

Como destacado anteriormente, avaliações experimentais e quase experimentais precisam do contrafactual. Assim, um dos principais aspectos a ser observado é encontrar um bom grupo controle, ou seja, identificar grupos ou indivíduos que não tenham participado do programa, mas que sejam estatisticamente idênticos aos beneficiários. Vale lembrar que "um grupo válido de comparação terá as mesmas características que o grupo de participantes do programa ('grupo de tratamento'), exceto pelo fato de que as unidades no grupo de comparação não se beneficiam do programa" (Gertler et al., 2007, p. 38).

A seleção aleatória dos grupos tratamento (beneficiários do programa) e controle (não beneficiários) é a maneira que garante o desenho experimental. Com base na definição dos dois grupos equivalentes, é possível realizar uma análise comparativa da evolução dos dois grupos ao longo de tempo, a fim de identificar o que teria acontecido aos participantes do programa na ausência dele, revelando, assim, seus efeitos (Jannuzzi, 2011; Ramos; Schabbach, 2012).

A pesquisa quase experimental, tendo em vista a impossibilidade da aleatorização dos grupos, procura encontrar maneiras de selecionar grupos controle semelhantes e representativos igualmente ao grupo tratamento, com a ciência de que não participarão da intervenção. No desenho quase experimental, a participação do beneficiário em um programa ocorreu por algum critério ou decisão do próprio participante. Gertler et al. (2007) defendem o uso de alocação aleatória – desenho experimental – pois, nessa forma, o processo de seleção é aberto e replicável, não sendo facilmente manipulado nem protegendo os gestores do programa de potenciais acusações de favoritismo ou corrupção.

Porém, a questão não passa unicamente por problemas técnicos de viés de seleção, favoritismo ou corrupção. Em programas sociais, é muito difícil evitar que grupos não sejam atendidos, já que a proteção social e, portanto, a intervenção devem ser disponibilizadas universalmente para quem dela necessitar (Cohen; Franco, 1993). Essas questões geram muita discussão nas áreas das ciências sociais, pois, eticamente, perguntamos: Quão justo é privilegiar um grupo que receberá determinado benefício de um programa em detrimento de outro, aleatorizando os beneficiários? No processo avaliativo de programas sociais, essa condição implicaria excluir dos benefícios muitos daqueles que de fato poderiam acessá-los (Draibe, 2001).

Assim, estratégias de desenhos quase experimentais selecionam o grupo controle de forma não aleatória, como grupos que não se inscreveram no programa ou grupos de uma região em que o programa não é executado, ou seja, escolhas que possibilitam análises comparativas entre os grupos são mais bem aceitas eticamente (Draibe, 2001).

Outro aspecto a ser observado na análise de impactos de um programa trata-se do planejamento da execução da avaliação, com vistas a incorporar todos os elementos de uma avaliação de impacto: estabelecimento dos grupos comparáveis, coleta de dados nos períodos, dados qualitativos sobre o processo (Baker, 2001).

Adicionalmente, podemos distinguir as avaliações de impacto em **prospectivas** ou **retrospectivas**, de acordo com Gertler et al. (2007, p. 14):

> Avaliações prospectivas são desenvolvidas ao mesmo tempo em que o programa está sendo elaborado e são integradas à implementação do programa. Dados de linha de base são coletados antes da implementação do programa, tanto para grupos de tratamento quando de comparação. As avaliações retrospectivas avaliam o impacto do programa após sua implementação, gerando grupos de tratamento e de comparação *a posteriori*.

Uma avaliação de impactos sempre pressupõe pesquisas que precisam ser planejadas. As avaliações prospectivas realizam pesquisas *ex ante* e *ex post*, usando-as como linha de base para comparação dos efeitos. As avaliações retrospectivas precisam simular uma linha de base anterior, com dados secundários e institucionais, e podem ter resultados comprometidos, pois dependem da disponibilidade de dados passados, acabando por produzir evidências mais facilmente contestáveis (Gertler et al., 2007; Ramos; Schabbach, 2012).

Além disso, comentamos que qualquer intervenção pressupõe mudança. Assim, as avaliações de impacto precisam descrever claramente a maneira como a intervenção-programa foi pensada para gerar os resultados desejados, mostrando os pressupostos e a teoria que mapeiam o programa e tornando explícitas as lógicas causal e sequencial. O desenho da avaliação contribui para elucidar a própria lógica causal do programa, definindo quais indicadores que fazem parte do processo de monitoramento serão medidos e expondo os resultados finais, de modo a possibilitar o rastreamento da sequência temporal e causal de resultados do programa. De maneira geral, "as avaliações de impacto testam se, na prática, a teoria de mudança funciona ou não" (Gertler et al., 2007, p. 28).

Há diversas outras variáveis que podem interferir nos resultados, como tempo de maturação do programa, no qual, quanto maior o tempo decorrido, maior serão as probabilidades de outros eventos interferirem nos resultados; ou outros programas similares que estejam atingindo o grupo controle, não sendo possível comparar os dois grupos. Assim, o avaliador precisa reconhecer essas variáveis e controlar seus efeitos, a fim de realizar estimativas confiáveis dos efeitos causais de um programa (Draibe, 2001). Avaliações de impacto pressupõem modelagens do que se consideram os efeitos dos programas, por isso, fundamentam-se, em geral, em modelos estatísticos de regressão de variados tipos, esclarecendo transparentemente os pressupostos de quais variáveis são compreendidas como causas – influências (variáveis independentes), variáveis compreendidas como controle e variável a ser explicada (variável dependente) – e efeitos da política, do programa ou do projeto.

Gertler et al. (2007) definem alguns modelos de seleção de grupos e métodos de comparação de resultados entre os grupos para a avaliação de impacto. Então, é preciso atentar para dois pontos fundamentais da avaliação de impacto: a definição dos grupos de comparação e o método de comparação e resultados entre grupos. Tanto para a definição de grupos quanto para a escolha de como estimar resultados, existem técnicas diferentes disponíveis.

Para construir grupos de comparação válidos, temos, por exemplo, os métodos a seguir:

- **Alocação aleatória**: nesse método, depois de selecionada a população-alvo, é feito um sorteio para decidir quem serão os beneficiários (grupos tratamento) e quem não participará do programa (grupo controle). Ambos devem apresentar, na média, as mesmas características de interesse e a mesma reação ao programa, não podendo ser expostos de maneira diferente a outras intervenções durante o período de avaliação. A investigação do impacto é feita pela comparação entre os dois grupos, porém, em razão da grande discussão sobre a utilização desse modelo, alerta-se que esse método deve ocorrer quando um programa tiver excesso de demanda, ou

> Avaliações de impacto pressupõem modelagens do que se consideram os efeitos dos programas.

seja, quando houver mais potenciais participantes do que vagas disponíveis ou durante um período de avaliação-piloto, que testaria os efeitos do programa antes de estendê-lo à população (Foguel, 2012).

Figura 5.1 – Processo de alocação aleatória

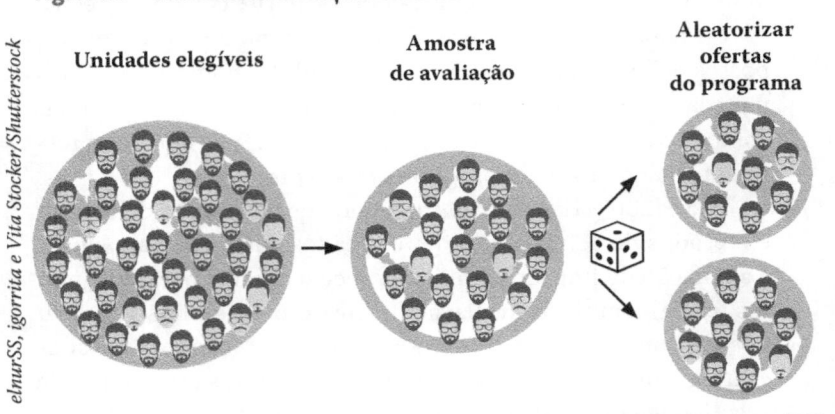

Unidades elegíveis → Amostra de avaliação → Aleatorizar ofertas do programa

elnurSS, igorrita e Vita Stocker/Shutterstock

Fonte: Elaborado com base em Gertler et al., 2007.

- **Promoção aleatória**: trata-se de uma forma alternativa para alocar grupos de programas em que não seja possível realizar a alocação aleatória, em que a elegibilidade para o programa seja universal e em que a inscrição seja aberta e, assim, não se poderia controlar quem participa ou não do programa. Nesse método, há a deliberada divulgação de um programa para aumentar a inscrição. Portanto, há uma variável, que é a "promoção" estimulando a amostragem. Para a amostra, alocam-se aleatoriamente as unidades da amostra de avaliação entre o grupo que teve a promoção do programa e o grupo que não teve a promoção, gerando, então, um grupo de promovidos (tratamento) e um grupo de não promovidos (controle). A análise do impacto será comparativa entre os dois grupos. Porém, para tanto, é necessário que as ações de promoção sejam de fato aleatórias, de modo que gerem grupos equivalentes (Gertler et al., 2007).

Perguntas & respostas

E se as estratégias de promoção do programa não aumentarem as inscrições?

Para que seja possível analisar o impacto, é necessário que as ações de promoção sejam, de fato, efetivas. Caso a campanha não aumente a inscrição dos "promovidos", não aparecerá qualquer diferença a ser analisada, pois pressupõe-se que um grupo tenha sido "promovido", e o outro, "não promovido", visto que o programa tem inscrição universal. Dessa forma, Gertler et al. (2007) sugerem que se realize um piloto da campanha de promoção para demonstrar sua efetividade. Além disso, é necessário que os envolvidos nessa ação estejam muito bem instruídos e tenham clareza de quem e de como essa oferta deve ser realizada para que as amostras sejam aleatórias de fato.

- **Método de regressão descontínua**: é um método utilizado em programas que apresentam um índice de elegibilidade contínuo – em que a população-alvo pode ser ranqueada – e com um escore de corte claramente definido para determinar quem é elegível e quem não é. Um exemplo é quando se tem um índice de pobreza ou de vulnerabilidade que indica qual valor de corte estabelece quem é elegível à participação do programa. O grupo tratamento seria formado pelos que estão dentro da linha de corte, e o grupo controle, pelos que estão fora da linha corte, mas muito próximos (em torno dessa linha): "a única diferença entre esses dois grupos de cada lado do valor de corte é o fato de um poder participar do programa e outro não" (Foguel, 2012, p. 45). Nesse modelo, a estimativa de impacto seria em torno do ponto de corte, não sendo possível generalizar seus efeitos para aqueles que estão longe desse valor. Isso pode ser um ponto fraco, no entanto, não é necessário excluir indivíduos elegíveis do tratamento para fins avaliativos. Nesse método, é preciso se ter mais claros os modelos de interação entre as variáveis que estimam os impactos e o índice (e suas variáveis componente) que selecionam os elegíveis para participação do programa. Nesse caso, dados os grupos construídos, o que se compara são os efeitos de cada variável que se quer investigar entre grupos, produzindo-se testes de comparação para, de fato, inferir que os resultados são ou não estatisticamente distintos entre si. Igualmente, confrontam-se modelos propostos de explicação sobre as variáveis dependentes, avaliando variáveis de controle e independentes efetivas.

- **Diferença-em-diferenças**: esse método compara as mudanças nos resultados ao longo do tempo no grupo de tratamento e no grupo de comparação. Ele combina a análise de comparações de diferenças antes e depois no mesmo grupo e faz comparações entre aqueles de dentro e de fora do programa (Gertler et al., 2007). Assim, serão realizados cálculos para identificar as diferenças entre: as situações antes e depois para o grupo de tratamento (B – A); a diferença no resultado entre as situações antes e depois para o grupo de comparação (D – C); e, por fim, a diferença entre a diferença nos resultados para o grupo de tratamento e a diferença para o grupo de comparação, ou seja, DD = (B – A) – (D – C). Foguel (2012) compreende que as diferenças que aparecem entre os grupos após a implementação do programa podem ser interpretadas como o impacto da intervenção. Esse é um bom método, pois não é possível controlar todas as variáveis externas após transcorrer determinado período de tempo, dessa forma, assume-se que tais fatores atuam da mesma maneira nos dois grupos (Barros et al., 2010) ou que não existem diferenças que atuam de forma distinta no tempo entre grupos – essa é uma premissa bastante rígida e é preciso entender muito sobre as características dos grupos para não as tomar em casos em que haja outro fator que afete somente um grupo.
- **Métodos de pareamento**: utilizam técnicas estatísticas para construir um grupo de comparação artificial, permitindo que seja identificado um conjunto que não participa do programa mais assemelhado ao conjunto de tratamento. É pareamento

porque, para cada participante do programa, deve-se encontrar um semelhante não participante. É preciso estudar o maior número de características importantes observadas que possam classificar os indivíduos e encontrar as semelhanças. Assim, é preciso ter uma quantidade expressiva de dados à disposição e grandes amostras. Na prática, os métodos de pareamento serão tipicamente usados quando as outras opções não forem possíveis, pois se enfrentam problemas com os pressupostos dos testes para validar que o efeito é realmente derivado do programa, e não de outras variáveis não observadas (Foguel, 2012).

Avaliações de impacto têm extrema relevância e legitimidade na comunidade internacional. Porém, são complexas e caras, pois dependem de alocação de diversos recursos: tempo, contratação de pessoal especializado, pesquisas de campo, que, muitas vezes, oneram consideravelmente o programa, não sendo aplicadas com frequência (Foguel, 2012; Ramos; Schabbach, 2012).

É preciso ressaltar que as desvantagens de uma abordagem podem ser as vantagens de outra. Em avaliações qualitativas, não necessariamente é possível generalizar a questão em foco, pois justamente há uma minúcia pelas características particulares, contextuais e não generalizáveis de sua investigação. Ao aprofundar-se em particularidade, perde-se em generalização, ganhando-se em significados.

Ressaltamos que os métodos de coleta de dados e a forma de interpretar e explorar as informações encontradas dependem diretamente do desenho da avaliação pretendida, de seu planejamento, ou seja, dos objetivos a que se quer responder. Dessa forma, as desvantagens e os riscos de viés podem ser reduzidos, como sugerem Rodrigues (2008) e Jannuzzi (2014), ao combinar técnicas quantitativas e qualitativas, a fim de triangular os resultados, de modo a permitir uma compreensão ampliada da dinâmica da política em processo e garantir a credibilidade e a robustez no processo avaliativo

5.3.3 Questões técnicas para avaliação econômica ou de eficiência

Nesse tipo de avaliação, a proposta é realizar uma análise da relação entre os custos do programa e os resultados obtidos, ou seja, estabelecer uma relação ótima entre os custos da implantação de uma política e os benefícios derivados de seus resultados. Esse tipo de cálculo é importante para identificar aqueles programas que apresentam um impacto positivo, porém com custo muito alto (Figueiredo; Figueiredo, 1986; Peixoto, 2012).
A análise tradicional de eficiência utilizada na iniciativa privada considera apenas o cálculo de resultados atingidos menos os recursos utilizados. Contudo, essa fórmula não é aplicável na avaliação de políticas se os programas sociais forem complexos, por isso, é necessário considerar custos não tangíveis e não mensuráveis relacionados às práticas burocráticas e às alterações processuais. Devemos considerar, ainda, que o objetivo das políticas sociais não é alcançar o lucro econômico, mas melhorar a qualidade de vida da população (Cohen; Franco, 1993; Schor; Afonso, 2007; Boschetti, 2009). Dessa forma, para que seja possível determinar o valor ganho ou economizado, o avaliador deve conhecer profundamente a literatura sobre o tema, bem como a complexidade de relações presentes na gestão de projetos, para que seja capaz de estimar esses valores e adotar boas hipóteses para a transformação (Peixoto, 2012).
Como vimos anteriormente, há dois tipos de análises econômicas: custo-benefício e custo-efetividade. Vamos conhecê-los e analisá-los a seguir.

- **Custo-benefício**: esse tipo de análise está relacionado aos custos que podem ser traduzidos em unidades monetárias. Para comparar os custos e os benefícios, é necessário, em um primeiro momento, montar um fluxo de caixa que deve conter todas as entradas e as saídas de recursos. A partir dele, podem ser realizados diversos cálculos que utilizam conceitos da matemática financeira, entre eles o valor presente líquido (VPL), a taxa interna de retorno (TIR) e a razão custo-benefício. O VPL corresponde à soma dos valores do fluxo de caixa considerando o valor relativo do dinheiro no tempo, pois é necessário atualizar os valores para uma mesma data, assim como deve-se descontar os juros futuros, nos quais é possível identificar se o VPL é positivo ou negativo. No cálculo de TIR, a taxa de juros iguala os benefícios ao valor presente, dessa forma, seu resultado poderá ser comparado à taxa de juros do mercado e, assim, identificar se a taxa de retorno do investimento é maior, menor ou igual à taxa de juros do mercado. E pela razão custo-benefício – calculamos o benefício dividido pelo custo – será identificada uma estatística de quanto será o retorno para a sociedade de cada real investido no projeto (Cohen; Franco, 1993; Schor; Afonso, 2007). Dessa forma, para que projeto seja considerado viável economicamente, ele deve gerar "para a sociedade mais valor do que retira dela em termos do investimento necessário para sua execução", assim, os benefícios devem ser maiores que os custos (Peixoto, 2012, p. 156).

- **Custo-efetividade:** essa avaliação proporciona a comparação dos custos com os benefícios de programas e projetos em que não é possível valorar monetariamente o impacto. Dessa forma, é possível estabelecer relações de custo em todos os objetivos propostos, mesmo aqueles mais difíceis de valorar, por exemplo, em um programa que se propõe a prevenir a violência contra a mulher, o benefício seria a vida de mulheres salvas. Assim, ao analisar o custo-efetividade, o recurso disponível deve ser alocado da melhor forma possível, permitindo que se obtenha o maior número de unidades de benefícios (Cohen; Franco, 1993; Peixoto, 2012). A razão custo-efetividade pode ser calculada por meio da divisão do impacto estimado (na avaliação de impacto) pelo custo econômico, e o resultado permitirá visualizar quantas unidades – no exemplo anterior, vidas de mulheres – serão obtidas por real gasto. Porém, o resultado só poderá ser estimado em "alto" ou "baixo", dependendo de outros estudos e estatísticas de retorno econômico (Peixoto, 2012).

Considerando que a avaliação econômica é realizada com a adoção de métodos estatísticos, é necessário analisar a sensibilidade, ou seja, a variação dos resultados caso a amostra e os parâmetros da avaliação sejam diferentes. Dessa forma, a avaliação é refeita utilizando parâmetros diferentes e identificando se os resultados se mantêm ou não (Peixoto, 2012).

Como finalizações de alerta,, salientamos que as avaliações não têm o objetivo de gerar conhecimento sobre a implementação, para isso há o monitoramento. Não obstante, é indispensável que as avaliações estejam alinhadas à implementação do programa, porque devem ser orientadas por informações sobre os tempos e as estratégias de realização dos programas para que sejam efetivadas e que atribuam sentido às analises que serão feitas. Como alertam Gertler et al. (2007, p. 120),

> as avaliações de impacto são melhor [sic] desenhadas antes que um programa comece a ser implementado. Uma vez que o programa se inicia, se não houver uma forma de influenciar como ele é alocado e não houver dados de linha de base coletados, as opções válidas e disponíveis para a avaliação serão poucas ou inexistentes.

Também, entendemos que processos de avaliação de políticas públicas precisam ser transparentes. A transparência é fundamental por, pelo menos dois motivos, segundo Henry (2002 citado por Trevisan; Van Bellen, 2008): primeiro, porque se o desenho e a técnica empregada na avaliação forem claros, ganha-se com o aprendizado decorrente do trabalho de outros pesquisadores, substantiva e metodologicamente; segundo, ao demonstrar mais sistematicamente os benefícios de processos específicos investigados nas avaliações, esses dados podem ser usados por outros gestores, beneficiários e agentes envolvidos em outros programas e pesquisas.

Síntese

Neste capítulo, tratamos da avaliação a partir de uma concepção mais aplicada, como uma das etapas do ciclo de políticas posterior ao processo de implementação de um programa ou projeto.

O objetivo desse processo avaliativo é produzir evidências para identificar os resultados, os impactos e a eficiência do programa em questão (Cavalcanti, 2006; Jannuzzi, 2016). Para tanto, há necessidade de esse processo ser planejado conjuntamente na formulação do programa, contemplando, entre outros aspectos, o levantamento de dados anteriores à implementação – *ex ante*.

Também vislumbramos que a avaliação apresenta diferentes tipos, abordagens e questões técnicas, que têm sua importância para o momento de desenhar e pensar sobre qual a melhor estratégia e quais os objetivos que se pretende atender na realização de uma avaliação. Entre as possibilidades de avaliação, foi possível identificar a natureza dos agentes avaliadores (internos, externos ou mistos da instituição); os tipos de avaliação de resultados (impacto e econômica); os momentos de realização de pesquisa (*ex ante* e *ex post*). Cada uma das possibilidades apresenta vantagens e desvantagens e exigem prerrequisitos diferentes das pessoas que a executam, devendo ser desenhada uma proposta de acordo com o objetivo e a intenção dos formuladores da política.

Há diversas técnicas e variados métodos para que a avaliação seja efetivada, porém, a escolha metodológica deve ser realizada pelo avaliador tendo como foco que ela precisará produzir evidências que respondam de forma consistente aos objetivos da pesquisa de avaliação.

A avaliação de impacto propõe-se a realizar análises mais aprofundadas. As técnicas de pesquisa quantitativa de desenho experimental e quase experimental têm se sobressaído na análise de avaliações de resultados, de impactos e econômicas, visto que possibilitam uma comparação estatística mais robusta. Na avaliação econômica, são realizadas análises da relação entre os custos do programa e os resultados obtidos, podendo ser do tipo custo-benefício e custo-efetividade; no primeiro caso, podem ser realizados cálculos a partir da análise de fluxo de caixa. Entre as técnicas utilizadas estão o valor presente líquido (VPL), a taxa interna de retorno (TIR) e a razão custo-benefício. A análise do custo-efetividade compara benefícios de programas e projetos em que não é possível valorar monetariamente o impacto, para tanto, é utilizada a técnica de razão custo-efetividade.

Os métodos e as técnicas apresentados neste capítulo apresentam detalhamentos expressivos em cada área de pesquisa e não foram explorados profundamente, bem como não seriam os únicos ou absolutos, pois há outras formas de realizar pesquisas avaliativas que podem ser identificadas e estudadas. O desenho de regressões e os testes estatísticos envolvem conhecimento aprofundado em sua área específica. Pretendemos, aqui, fazer um panorama geral para que você possa buscar maior aprofundamento conforme seu envolvimento no campo da formulação e da avaliação de políticas públicas de seu interesse.

Questões para revisão

1. Discorra sobre os tipos possíveis de avaliação quanto ao agente que a realiza.

2. Disserte sobre o fundamento lógico-explicativo da avaliação de impacto.

3. Assinale a alternativa que apresenta as caraterísticas da avaliação *strictu senso*:
   a) É uma etapa do ciclo de políticas realizada anteriormente ao processo de implementação do programa.
   b) Tem a necessidade de elaborar um plano de avaliação, que deve ser iniciado após a implementação do programa.
   c) Tem como objetivo identificar resultados, impactos e eficiência do programa.
   d) Trata-se de um processo pontual no ciclo de políticas.
   e) Dados anteriores à implementação do programa não serão utilizados para realizar a avaliação.

4. Com relação aos tipos de avaliação, assinale a alternativa correta:
   a) Avaliações do tipo *ex ante* são importantes para que, posteriormente, sejam realizados estudos comparativos.
   b) As avaliações *ex ante* e *ex post* são realizadas concomitantemente.
   c) A avaliação de resultados propõe-se a realizar análises puramente econômicas.
   d) Na avaliação participativa, não há envolvimento dos beneficiários.
   e) A avaliação de impacto realiza uma análise para identificar o alcance dos objetivos gerais do programa.

5. O método para realizar a avaliação deve ser escolhido de acordo com os objetivos propostos. Assinale a alternativa que contempla aspectos relacionados à escolha metodológica para avaliações de impacto, de resultados e econômica:
   a) A avaliação de impactos deve ser ou qualitativa ou quantitativa, pois não são complementares.
   b) O controle de variáveis na análise de impacto é meramente formal.
   c) Para analisar a avaliação econômica de programas e projetos sociais, deve-se considerar os mesmos aspectos da análise tradicional de eficiência utilizada na iniciativa privada.
   d) Grupo controle e grupo tratamento proporcionam a visualização dos impactos do programa.
   e) São exemplos de técnicas para avaliar custo-efetividade o valor presente líquido (VPL) e a taxa interna de retorno (TIR).

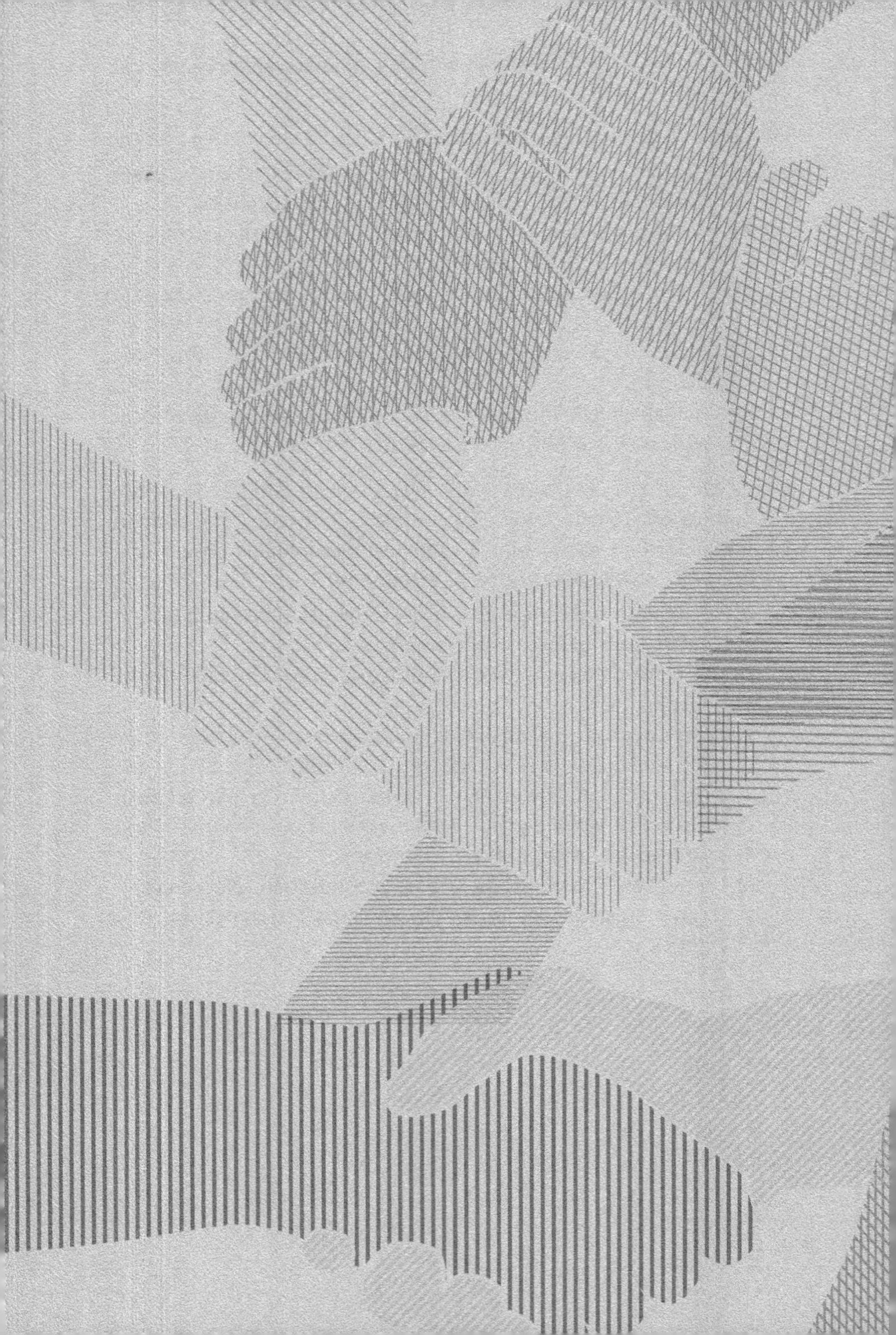

CAPÍTULO 6

Elaboração do processo avaliativo

Conteúdos do capítulo:
- Aspectos preliminares à realização do processo avaliativo.
- Componentes do plano da pesquisa avaliativa.
- Execução da pesquisa avaliativa.
- Relatório final do processo avaliativo.
- Utilização e disseminação de dados.

Após o estudo deste capítulo, você será capaz de:
1. identificar os aspectos relacionados à verificação da viabilidade do processo avaliativo;
2. distinguir os componentes da elaboração de um plano da pesquisa avaliativa;
3. descrever os processos envolvidos na execução da pesquisa avaliativa;
4. compreender a elaboração do relatório final do processo avaliativo;
5. reconhecer a utilização e a disseminação dos dados encontrados.

Nos capítulos anteriores, abordamos informações sobre conceitos e instrumentais para realizar a avaliação de projetos e programas sociais. Neste capítulo, vamos apresentar e refletir sobre como desenhar os variados projetos do processo avaliativo.

Para tanto, percorreremos o trajeto desde o contato preliminar com o programa e seus gestores, passando pela etapa do planejamento das pesquisas avaliativas, em que serão apresentados os principais componentes de sua estruturação, os aspectos relacionados ao trabalho de campo e à análise de dados e, por fim, a identificação dos elementos para elaboração do relatório final. Também teceremos algumas considerações sobre a utilização e a disseminação dos dados resultantes das análises realizadas no processo avaliativo.

6.1 Aspectos preliminares

Vamos começar esta etapa com um exercício de imaginação: suponhamos que um programa social específico tenha sido elaborado, e os gestores solicitaram profissionais especializados para realizar algumas das etapas do processo avaliativo desse programa. A que fatores esse profissional deve ficar atento? Quais são principais pontos a serem levantados? O que deve ser entregue ao solicitante? Quem são os profissionais que devem fazer parte desse processo? Apesar de, no Capítulo 1, termos explorado alguns aspectos sobre o profissional que atua com assessoria e consultoria, diversas são as questões que se apresentam quando se está diante desse tipo de demanda.

Reiteramos que o objetivo fundamental do processo avaliativo consiste em contribuir para aperfeiçoar o programa, gerando informações relevantes tanto para retroalimentar o ciclo de políticas quanto para aumentar a satisfação das necessidades de seus usuários (Unicamp, 1999). Sob o ponto de vista técnico e metodológico, nos capítulos anteriores, respondemos às questões de reconhecimento conceitual e metodológico envolvidas nas diferentes partes do processo avaliativo. Há, porém, outras considerações procedimentais a serem feitas, as quais dizem respeito ao questionamento sobre a exequibilidade da demanda de avaliação. Assim, apresentaremos alguns aspectos preliminares à realização das partes desse processo.

Para começar, devemos considerar que há escolhas no desenho dos projetos de avaliação que envolvem outros aspectos para além do técnico-metodológico. É fundamental que o profissional especializado – assessor ou consultor – que fará a análise avaliativa se aproximar da equipe do programa avaliado. Estabelecer um contrato de trabalho colaborativo entre as partes pode fazer a diferença na qualidade das avaliações.

Um dos primeiros aspectos a considerar consiste em examinar com cuidado o objetivo da solicitação, para melhor compatibilizar o requerido pelos gestores com as exigências do método científico, reduzindo as chances de valores pessoais interferirem no processo. Essa negociação deve delimitar os aspectos conceituais a serem estudados, definir o tipo de processo avaliativo mais adequado e identificar os recursos disponíveis para sua realização (Unicamp, 1999; Chianca, 2001; Aguilar; Ander-Egg, 1994; Simões, 2015).

Outro aspecto importante é ponderar sobre o tipo de modalidade avaliativa a ser desenvolvida em consonância com a fase do ciclo de políticas em que o programa ou projeto se encontra. A depender da fase de maturação, deve-se identificar se o programa já pode passar pela avaliação (de resultados ou de impactos) ou se essa ação não está apressada, correndo o risco de deslegitimar sua proposta de intervenção (Jannuzzi, 2016). Alguns efeitos exigem maior tempo para observação e demonstração.

Em uma contratação de pesquisas de processos e avaliação de resultado/impacto – por meio de assessoria ou consultoria –, deve-se conhecer em profundidade o programa contratante. Para criar boas estratégias de abordagem do problema avaliativo, é indispensável levantar questões adequadas de pesquisa, para entender os mecanismos de funcionamento do programa, e planejar meios acertados para a obtenção de informações consistentes (Unicamp, 1999; Simões, 2015; Jannuzzi, 2016). Uma boa avaliação, em qualquer nível, mostra conhecimento integrado do programa. E ela começa com um bom projeto, apresentando e demonstrando os problemas de sua viabilidade.

Para tanto, iniciamos com uma análise documental, a fim de redesenhar a lógica do programa: objetivos, diretrizes, metas, fluxos físico-financeiros, fontes de financiamento, público-alvo, ações. Todos os materiais do programa servem como fonte de informação – materiais de divulgação, tais como leis, deliberações, protocolos etc. Igualmente, nessa análise, deve-se buscar por outras avaliações que tenham sido realizadas anteriormente sobre o tema e que possam contribuir para o projeto de como o avaliador pretende delinear seu trabalho.

Outra estratégia para conhecer o programa em profundidade é realizar entrevistas com decisores, formuladores, implementadores e executores do programa, a fim de conhecer sua natureza estratégica, tais como atividades envolvidas, objetivos, dificuldades, entre outros (Chianca, 2001; Jannuzzi, 2016).

Esse processo também inclui constituir com os gestores um fluxo tanto relacionado às informações e ao acesso aos dados necessários para a realização do estudo avaliativo quanto de colaboração dos envolvidos – gestores, executores e avaliadores – pois, quanto maior o espírito de confiança e colaboração entre os envolvidos, maior será a chance de uma pesquisa avaliativa ser bem-sucedida (Aguilar; Ander-Egg, 1994; Simões, 2015).

A definição desses aspectos preliminares tem como objetivo justificar a estruturação da pesquisa avaliativa, produzindo uma nota sintética com indicativos de sua viabilidade, em que devem ser consideradas condições mínimas para sua execução: contexto do programa, disponibilidade das informações, de recursos (humanos, financeiros, infraestrutura, entre outros) e de tempo, capacidades técnicas e metodológicas, profissionais envolvidos, objetivos dos gestores, entre outros aspectos (Unicamp, 1999; Chianca, 2001; Jannuzzi, 2016).

> **Questão para reflexão**
>
> Tendo em vista os aspectos preliminares da pesquisa avaliativa, em quais situações não seria apropriado realizar o processo avaliativo?

Diante do exposto, o primeiro contato é essencial para a execução das demais etapas do processo avaliativo, pois dará embasamento para o planejamento, a execução da pesquisa avaliativa e a entrega dos resultados da pesquisa.

Apesar de darmos ênfase à elaboração da pesquisa avaliativa, o modelo que apresentaremos neste capítulo refere-se a projetos de pesquisa de maneira geral. Assim, os passos, as metodologias e os formatos indicados podem ser utilizados em outros tipos de pesquisas ou trabalhos a serem realizados por assessorias e consultorias.

6.2 Plano da pesquisa avaliativa

Posteriormente à identificação da viabilidade do programa, tem início a fase de planejamento do processo avaliativo, que é comumente chamada de *desenho da avaliação*.

Nessa etapa, será descrita a operacionalização da pesquisa avaliativa, incluindo os meios estruturais, administrativos e estratégicos que vão viabilizar sua execução. Essa fase pode gerar um documento específico, que vai dimensionar os passos para que esse processo seja finalizado (Cohen; Franco, 1993; Aguilar; Ander-Egg, 1994; Simões, 2015). Os elementos que compõem esse documento podem variar de acordo com o autor que dará embasamento ao pesquisador, e entre os aspectos considerados como importantes, estão: a descrição lógica do programa ou projeto; a delimitação do objetivo e o foco da pesquisa avaliativa; o desenho metodológico da pesquisa avaliativa; e o cronograma de execução. Vamos conhecer cada um deles com mais detalhes a seguir.

6.2.1 Descrição lógica do programa

Com base em dados e estudos realizados na etapa preliminar, é relevante que se faça uma descrição do programa para que se visualizem seus aspectos principais (Brasil, 2015; Simões, 2015).

Programas e projetos sociais são complexos e envolvem muitas atividades, que dependem do contexto que são operados (Jannuzzi, 2016). Instrumentos estudados neste livro, como o MaPR e o modelo lógico, podem subsidiar esse momento.

6.2.2 Delimitação do objetivo e foco da pesquisa avaliativa

Depois que o programa for descrito, deve-se definir o objetivo da pesquisa, indicando a finalidade de se fazer esse estudo e especificando qual o tipo de processo avaliativo a ser realizado (Aguilar; Ander-Egg, 1994; Jannuzzi, 2016).

É preciso considerar que, se o programa foi recentemente implementado, haverá a necessidade de constituir o monitoramento das atividades, identificando aspectos relacionados aos processos de execução e estabelecendo um planejamento para que as avaliações de resultados e de impactos aconteçam no momento adequado. Isso implica também prever linhas de base para futuras comparações com avaliações *ex ante*.

Em situações em que o programa já foi implementado há algum tempo ou está passando por um projeto-piloto, cabe a realização de uma avaliação de resultados relacionada à cobertura, a padrões de qualidade, entre outros. Da mesma forma, quando se procura identificar a relação de causalidade com as alterações nas condições sociais da população, deve ser realizada uma avaliação de impactos.

Tendo definido a modalidade avaliativa, determinam-se os componentes que serão avaliados, ou seja, a quais aspectos será dado enfoque na pesquisa. Não é possível avaliar ou monitorar todos os componentes do programa, seja por razões de tempo, custo ou objetivo, por isso a importância de um instrumento que dê suporte para identificar e delimitar os componentes de maior relevância a serem estudados (Aguilar; Ander-Egg, 1994; Jannuzzi, 2016). Marino (2003) ressalta a importância dessas escolhas, pois elas vão determinar a qualidade do produto final do processo avaliativo.

A definição dos objetivos deve estar relacionada aos demais elementos, apontando a direção e os caminhos que serão percorridos pelo pesquisador. Devem ser propostos um objetivo geral e objetivos específicos relacionados entre si. No primeiro, será definido o escopo mais amplo da pesquisa avaliativa com relação ao processo a ser realizado e ao programa em questão; já os objetivos específicos delimitarão aspectos como a população que será pesquisada, o local e outras hipóteses mais específicas (Brasil, 2015). No exemplo do processo avaliativo de Lira et al. (2016, p. 273) é possível observar essas questões:

Objetivo geral:
- Avaliar o Programa de Alimentação do Trabalhador (PAT) na perspectiva da segurança alimentar e nutricional e de saúde da população assistida pelo programa na região metropolitana do Recife.

Específicos:
- Classificar empresas cadastradas no PAT pelo tempo de registro e modalidade de atendimento.
- Analisar a atuação do responsável técnico pelo PAT nas empresas em relação ao cumprimento dos parâmetros nutricionais estabelecidos pelo programa.
- Avaliar o estado nutricional e de saúde do trabalhador com ênfase nas doenças crônicas não transmissíveis (DCNT) e os fatores associados (socioeconômicos, demográficos, assistência à saúde, atividade física, hábitos de vida, condições funcionais e doenças referidas).

Consegue identificar a diferença entre os objetivos? O geral demarca o foco da pesquisa, e os específicos delimitam os componentes a serem avaliados.

6.2.3 Desenho metodológico

Para que o processo avaliativo seja operacionalizado, é preciso delimitar os aspectos que farão parte da pesquisa. Nesse momento, cabe descrever como a pesquisa avaliativa será realizada, considerando questões éticas, prazos e recursos disponibilizados (Marino, 2003; Jannuzzi, 2016).

De uma forma bastante resumida, o processo de pesquisa pode ser dividido nas seguintes etapas: definição de problema e objetivos; construção de hipóteses; planejamento da pesquisa; operacionalização das variáveis; elaboração dos instrumentos de coleta de dados; pré-teste dos instrumentos; população que fornecerá a amostra; cálculo do tamanho da amostra e seleção das unidades observacionais; coleta e consistência de dados; análise e interpretação de dados; elaboração do relatório de pesquisa e comunicação dos resultados.

Essa descrição tem como objetivo responder: onde, quem, por quê e como a pesquisa será realizada. Assim, deve conter aspectos relacionados ao contexto territorial, **onde**; aos sujeitos a serem abordados, **quem**; às perguntas gerais que a pesquisa avaliativa responderá, **por quê**; e às técnicas de coleta de dados e aos profissionais que realizarão a pesquisa, **como** (Aguilar; Ander-Egg, 1994; Jannuzzi, 2016). Vamos descrever com mais detalhes cada um desses aspectos na sequência.

- **Contexto territorial**: momento em que é descrito o local onde a pesquisa será realizada, delimitando sua dimensão territorial e apresentando aspectos relevantes sobre configuração: localização, área, população, perfil socioeconômico, dinâmicas políticas e culturais, entre outros.
- **Sujeitos da pesquisa avaliativa**: a definição de quem serão os sujeitos da pesquisa será diferente, dependendo dos objetivos

do processo avaliativo. Nos processos de monitoramento e pesquisas de avaliação de processos, em que o foco está na implementação do programa, os sujeitos são os próprios membros da equipe em seus níveis de atuação, mas podem também contemplar beneficiários se explorarem outras relações de funcionamento. Já na avaliação de resultados e impactos, os sujeitos serão o público-alvo do programa avaliado (Marino, 2003).

- **Perguntas orientadoras**: devem ser formuladas de acordo com o objetivo da pesquisa avaliativa, dando foco e direção ao processo, ou seja, explicitando a razão pela qual se propõe tal pesquisa (Unicamp, 1999; Marino, 2003). Elaborar perguntas que permitam obter respostas concretas e precisas sobre o que de fato se quer saber não é uma tarefa fácil, pois, muitas vezes, as perguntas contêm elementos subjetivos, que podem dar margem a múltiplas interpretações. É importante tomar algumas precauções nesse momento, tais como diferenciar perguntas relacionadas a cada modalidade avaliativa – monitoramento e avaliação –, questionar se a resposta gerará informações relevantes para tomadas de decisões, identificar se a questão está de fato relacionada ao objetivo da pesquisa, discutir se a pergunta realmente apontará para aspectos estruturais, e não será direcionada por curiosidade dos avaliadores ou gestores (Marino, 2003). Os próprios gestores e executores do programa podem ter algumas questões interessantes para a pesquisa avaliativa, devendo ser incorporadas à medida que forem relevantes ao que visa o programa (Jannuzzi, 2016).
- **Técnicas e métodos utilizados**: dependendo da modalidade avaliativa, dos componentes a serem avaliados e das perguntas elaboradas, serão definidas as técnicas e os métodos mais adequados na pesquisa avaliativa em questão. O método refere-se ao entendimento de como a pesquisa será realizada, orientando as escolhas de caráter metodológico, e as técnicas são os procedimentos para a coleta de informações. Assim, o método pode abarcar uma ou várias técnicas e, a partir da definição do método, será preciso escolher técnicas que combinem com ele (Brasil, 2015). A escolha do método deve se ater àquele que melhor responde às perguntas da pesquisa avaliativa, pois não se trata da

escolha de procedimentos com base na facilidade do avaliador, mas da identificação de estratégias que alcancem o objetivo do processo avaliativo (Jannuzzi, 2016).

Para realizar pesquisas, inicialmente, devemos refletir sobre a abordagem metodológica adequada à finalidade da pesquisa, a qual pode ser quantitativa, qualitativa ou mista, conforme veremos a seguir.

- **Abordagem qualitativa**: objetiva a produção de conhecimento por meio da lógica indutiva, partindo do particular para o geral e pressupondo proximidade e interação do pesquisador com o objeto avaliado – muitas vezes, os beneficiários tornam-se coparticipantes da atividade avaliativa. O objetivo está em abordar a dinâmica da realidade, utilizando uma amostra reduzida, e não probabilística. A abordagem pode ser útil para aprofundar o conhecimento de casos específicos e investigar problemas complexos e subjetivos de natureza exploratória – o que exige uma qualificação teórico-conceitual maior –, pois capta valores, atitudes e motivações. Essa abordagem poderá fornecer informações complementares sobre o contexto e a interpretação de dados quantitativos, sendo mais bem utilizada para a aferição de processos. O estudo qualitativo pode ser conduzido por meio de diferentes estratégias, como pesquisas bibliográficas e documentais, observações, etnografias, entrevistas, grupos de discussão e focais, meta-avaliações, entre outros (Aguilar; Ander-Egg, 1994; Chianca, 2001; Barreira, 2000). Pesquisas qualitativas também podem utilizar-se de quantificações, contudo sua interpretação não pressupõe que se infiram generalizações das quantificações, mas as utiliza para argumentar sobre a compreensão do fenômeno.
- **Abordagem quantitativa**: destina-se a realizar inferência generalizável com base em dados quantitativos gerais, que dimensionam quantidades ou intensidade de relações entre variáveis. Há a preocupação de que ela represente a população e, por isso, pretende-se que todos os indivíduos da população tenham a mesma chance de serem selecionados, portanto, são amostragens probabilísticas. Dizemos que essa abordagem parte de um

modelo hipotético-dedutivo, pois sua história metodológica esteve centrada em teorias positivistas. A coleta de dados compreende técnicas bem estruturadas de captação, como levantamentos amostrais, *surveys*, experimentos. O uso de modelos estatísticos é comum e funcional nessa abordagem, replicável e confiável. É preciso considerar que esse tipo de pesquisa tem um alto custo, além da demora na coleta e na análise de dados. Nas pesquisas avaliativas, o uso de *surveys* e de experimentos pode adequar-se muito bem na avaliação de impacto e econômica (Jannuzzi et al., 2009; Jannuzzi, 2011; Brasil, 2015).

Perguntas & respostas

O que são amostragens probabilística e não probabilística?

Qualquer abordagem (quali ou quanti) pode escolher realizar a coleta de dados por meio de amostra, já que dificilmente se consegue estudar toda uma população individualmente. O que difere essas amostras são os objetivos da pesquisa e a maneira de se pensar as inferências que os dados podem produzir para o estudo do fenômeno de interesse.

Há dois tipos de amostras: probabilísticas e não probabilísticas. No primeiro tipo, a seleção de participantes acontece por meio do princípio da aleatoriedade, para que a amostra seja a mais heterogênea possível. Nas amostras não probabilísticas, se não utilizadas estratégias científicas, a generalização de resultados e de inferências sobre os dados pode ficar comprometida.

Simplificadamente, no caso da abordagem quantitativa, há a preocupação de que ela represente a população e, por isso, pretende-se que todos os indivíduos da população da qual a amostra é escolhida tenham uma probabilidade conhecida e diferente de zero de pertencer à amostra, caracterizando, assim, o processo de amostragem probabilística. No caso da qualitativa, o que interessa não é a representação dos indivíduos no todo. Dessa forma, alguns elementos da população não têm possibilidade de pertencer à amostra. A característica principal é a de que, não fazendo uso de formas aleatórias de seleção das unidades amostrais, torna-se impossível o cálculo do erro de amostragem, assim, não podem ser objeto de certos tipos de tratamento estatístico.

- **Abordagem mista**: ambas as abordagens apresentam suas vantagens e desvantagens, e o tipo de avaliação e o método empregado devem estar adequados à pergunta que se faz, ou seja, àquilo que se pretende descobrir. Muitas vezes, são utilizadas de forma complementar, pois é preciso considerar que programas e projetos sociais são complexos e demandam instrumentos igualmente complexos para chegar a uma compreensão mais precisa da dinâmica da política e que garanta a credibilidade e a robustez no processo avaliativo (Aguilar; Ander-Egg, 1994; Chianca, 2001; Jannuzzi, 2014). Portanto, essas abordagens devem apresentar pluralidade metodológica e realizar a triangulação de resultados, ou seja, integrar as técnicas qualitativas e quantitativas a fim de obter resultados mais robustos (Jannuzzi, 2011).

O Quadro 6.1, a seguir, apresenta as diferenças entre essas abordagens metodológicas.

Quadro 6.1 – Abordagens em pesquisa avaliativa

Aspectos	Abordagem	
	Quantitativa	Qualitativa
Coleta de dados ou informações	<ul><li>Inquéritos por questionários – domiciliares, por telefone, internet; *surveys*; entrevistas estruturadas; matriz de indicadores quantitativos secundários.</li><li>Experimentos.</li><li>Especial uso de amostragem probabilística.</li></ul>	<ul><li>Entrevistas.</li><li>Grupos focais.</li><li>Grupos de discussão.</li><li>Observação participante.</li><li>Visitas locais.</li><li>Etnografia.</li><li>Amostragem não probabilística.</li></ul>

(continua)

(Quadro 6.1 – conclusão)

Aspectos	Abordagem	
	Quantitativa	Qualitativa
Usos	▪ Permite comparações diferentes ao mesmo tempo. ▪ Fornece dados para avaliação de resultados e impacto. ▪ Recolhe informações comparáveis, obtidas para um mesmo conjunto de unidades observadas. ▪ Estuda tendências e possibilidades de generalização. ▪ Usa variabilidade e dispersão para compreender padrões.	▪ Fornece informações sobre situações sociais complexas, situações de interação, valores, percepções, motivações de pessoas ou grupos. ▪ Fornece informações complementares sobre o contexto e a interpretação de dados quantitativos. Voltada a compreensões e adequada à exploração de casos exemplares (típicos).
Características gerais	▪ Unidades de observação abordadas em extensão. ▪ Pré-estruturação máxima. ▪ Predomínio de respostas estruturadas padronizadas.	▪ Unidades de observação abordadas em profundidade (intensiva). ▪ Pré-estruturação razoável. ▪ Predomínio da expressão livre do respondente.
Tempo e custo	▪ Alto e médio custo, dependendo do tamanho da amostra. ▪ A coleta pode levar muito tempo.	▪ Baixo e médio custo, mas estudos etnográficos podem ser caros. ▪ Tempo de coleta, processamento e análise de dados podem ser longos, dependendo das técnicas utilizadas.
Prerrequisitos	▪ Boa capacidade técnica para determinação da amostra, desenho do questionário, processamento e análise dos dados, transparência na condução das técnicas estatísticas.	▪ Boa capacidade técnica na realização das entrevistas, na facilitação de trabalho em grupo e de observação. Estruturação clara para ultrapassar viés na análise.

Fonte: Guimarães, 2018.

Como vimos nos capítulos anteriores, pesquisas de avaliação de resultados podem ser delineadas como: experimental, quase experimental ou não experimental. O primeiro caso busca compreender os fenômenos com base em relações de causa e efeito, em que os experimentos são planejados para responder a questões de causalidade. Em situações como essa, há duas populações equivalentes e constituídas de forma aleatória, um grupo denominado *tratamento*, que será beneficiário do programa, e um grupo chamado *controle*, no qual será possível identificar duas situações a fim de compará-las (Gertler et al., 2007; Brasil, 2015).

No caso dos desenhos quase experimentais, a proposta também é realizar relações de causa e efeito, porém em situações que já estão dadas. Entretanto, há dois grupos e não é utilizada a aleatoriedade para sua composição, havendo apenas uma suposição de semelhança entre os grupos selecionados (Gertler et al., 2007; Brasil, 2015).

Por fim, no desenho não experimental, não há um grupo controle específico desde o início. Nesse caso, não é possível afirmar que resultados e impactos ocorrem por conta do programa em si ou por outras variáveis, pois a pesquisa estudará o antes e o depois do mesmo grupo, relacionando-os com outras variáveis ou analisando resultados comparativos com um grupo semelhante, de caráter mais descritivo (Gertler et al., 2007; Brasil, 2015).

Como exposto no Quadro 6.1, há diversas técnicas de coleta de dados, as quais podem ser do tipo direta (dados primários), quando o próprio pesquisador é quem faz a coleta, e do tipo indireta (dados secundários), na qual são utilizadas coletas anteriores à investigação – estudo de documentos, por exemplo (Brasil, 2015).

Entre as técnicas para coleta de dados primários, estão as entrevistas, os grupos focais, a observação e os questionários. Vamos conferir mais detalhadamente a seguir.

- **Entrevistas**: é a técnica que realiza perguntas diretamente ao pesquisado, a fim de obter informações sobre a temática avaliada. Dessa forma, pressupõe interação entre o pesquisador e o pesquisado, devendo ser planejada e podendo ser estruturada, semiestruturada ou não estruturada. Nas entrevistas estruturadas, há um roteiro predefinido, seguindo um padrão de respostas que possam ser comparadas na análise de dados. Já nas semiestruturadas, há o planejamento apenas dos tópicos a serem abordados, não havendo, necessariamente, um padrão de respostas a serem comparadas. E em entrevistas não estruturadas, há apenas o planejamento do tema a ser questionado, não havendo perguntas predefinidas, mas deixando que o entrevistado conduza a resposta da maneira que achar adequada. Essa técnica é mais bem utilizada em pesquisas qualitativas, possibilitando um aprofundamento na situação sob a perspectiva dos diferentes interessados (Marino, 2003; Brasil, 2015).

- **Grupos focais**: a coleta de dados é realizada por meio de pequenos grupos, em que serão discutidas questões relativas ao processo de avaliação, a fim de obter informações qualitativas em profundidade. A diferença dessa técnica para a entrevista é o fator de interação entre os participantes para obtenção dos dados, todos discutem sobre um tópico específico, com vistas a revelar suas ideias coletivas sobre o tema. A análise dos dados será feita de acordo com o processo de discussão, e não apenas pelo resultado dela. Portanto, essa análise está relacionada a pesquisas de cunho qualitativo (Brasil, 2015).
- **Observação**: técnica em que o pesquisador observa atentamente a realidade, a fim de descrever o cenário do programa: atividades realizadas, procedimentos adotados, comportamento da equipe, espaço físico do programa, entre outros aspectos (Marino, 2003). Uma forma derivada é a observação participante, em que a coleta de dados será realizada a partir da integração do pesquisador com os participantes da pesquisa. O objetivo dessa técnica é vivenciar a dinâmica social como um integrante do grupo a ser pesquisado, no qual serão relatadas as experiências e as impressões vividas durante a pesquisa (Brasil, 2015). Por ter como característica o olhar aprofundado sobre a realidade estudada, esse tipo de observação faz parte das alternativas para realizar pesquisas qualitativas.
- **Questionários**: diferentemente das demais técnicas apresentadas, nesta não há o envolvimento do pesquisador nas respostas,

visto que o participante responde por escrito a uma série ordenada de perguntas, sendo ideal para quantificar as informações. O questionário pode apresentar questões abertas e fechadas, sendo as abertas aquelas em que não há respostas prévias ao pesquisado, deixando-o livre para elaborar suas respostas. Posteriormente, o pesquisador poderá codificar essas respostas agrupando-as em categorias. Nessa técnica, as perguntas fechadas oferecem um número limitado de respostas, por exemplo, sim e não, frequência (nunca, raramente, sempre), entre outras (Marino, 2003; Brasil, 2015). As respostas abertas podem ser analisadas quali ou quantitativamente, e as perguntas com respostas fechadas serão alvo de pesquisas quantitativas, em que é possível mensurar os dados.

A escolha das técnicas deve ser a que melhor responder às perguntas da pesquisa avaliativa. Alguns métodos e técnicas são mais empregados em certos tipos de avaliações do que em outros, porém, não é possível afirmar que há um padrão ouro para cada processo, devendo cada caso ser analisado dentro do contexto (Jannuzzi, 2016).

A partir da técnica escolhida cabe, então, a construção do instrumento a ser utilizado na pesquisa. Independentemente da técnica, é importante ressaltar que o instrumento será mais útil quanto melhor for a capacidade do avaliador em formular boas perguntas, ou seja, as questões formuladas devem estar intrinsicamente relacionadas aos objetivos que se querem alcançar com a pesquisa avaliativa. Sua construção não é uma tarefa simples, ela deve envolver o maior o número de especialistas para que o instrumento seja bem redigido e estruturado. A estrutura do instrumental escolhido deve ser clara, simples e objetiva, seguindo uma ordem lógica, para que busquem responder o motivo do processo avaliativo (Unicamp, 1999; Jannuzzi, 2016). Nas palavras de Jannuzzi (2016, p. 63), "a elaboração do roteiro ou questionário abrange muita reflexão para traduzir as demandas de investigação em questões operacionalmente factíveis em campo e que, em análise, contribuam para construir a narrativa interpretativa de avaliação de programa".

No caso do monitoramento, é importante constar a seleção de variáveis ou de indicadores que vão compor essa modalidade avaliativa, pois eles instrumentalizarão as medições e as coletas de dados em relação aos resultados esperados. Os indicadores ou as variáveis selecionados devem, entre outras características, ser suficientemente representativos das intenções propostas nos objetivos e ter as propriedades mais essenciais para o que se pretende entre validade, confiabilidade, simplicidade, relevância social, sensibilidade, especificidade, inteligibilidade, grau de cobertura, periodicidade, factibilidade, historicidade e desagregabilidade (Aguilar; Ander-Egg, 1994; Jannuzzi, 2001; Marino, 2003).

- **Profissionais da equipe**: no desenho metodológico, descreve-se quem comporá a equipe de trabalho. A formação dessa equipe deverá considerar a complexidade e a característica multidisciplinar do processo avaliativo, o que pressupõe a colaboração de diversas áreas e a participação de diferentes profissionais, seja para sua execução, seja para sua condução, análise ou divulgação do processo. Cada componente da equipe deve ter seu papel bem definido e seus objetivos estabelecidos, bem como passos e prazos a serem desempenhados. É preciso considerar que, quanto mais qualificada a equipe nos temas a serem avaliados, mais chances de garantir que, ao término do processo, sejam alcançados os objetivos definidos preliminarmente (Marino, 2003; Jannuzzi, 2016).

Dessa forma, é necessário estabelecer que tipo de avaliador será contratado para o processo avaliativo em questão: um profissional que faz parte da equipe do programa (avaliador interno) ou consultores externos (avaliador externo). Cada um apresenta pontos positivos e negativos que podem estar relacionados, como relembraremos a seguir.

- **Envolvimento do avaliador no programa**: o avaliador interno tem mais conhecimento do programa e maior facilidade para garantir a colaboração das pessoas envolvidas do que o externo, que precisa conhecer todos os aspectos envolvidos. Porém, o avaliador externo pode produzir pesquisas e avaliações mais isentas do que avaliadores internos.

- **Acesso aos dados**: avaliadores internos têm maior facilidade em acessar dados do programa. Em alguns casos, há certa resistência dos gestores e executores em repassar informações a especialistas externos.
- **Objetividade no processo**: avaliadores externos apresentam maior objetividade e imparcialidade na execução do processo avaliativo.
- **Qualificação e especialidade**: profissionais externos tendem a apresentar maior conhecimento em metodologias de avaliação (Aguilar; Ander-Egg, 1994; Ramos; Schabbach, 2012; Simões, 2015).

Em uma tentativa de minimizar as desvantagens e potencializar as vantagens tanto da contratação de avaliadores internos quanto de externos, sugerimos a combinação das modalidades, realizando uma composição entre os dois, a qual recebe o nome de *avaliação mista* (Aguilar; Ander-Egg, 1994; Simões, 2015). O tipo de avaliador deve ser definido a depender do objetivo do processo avaliativo, exigindo uma análise cuidadosa daquilo que se quer produzir (Unicamp, 1999).

Complementarmente, o profissional pode utilizar a estratégia da avaliação participativa, em que há a participação direta ou algum nível de interação entre beneficiários dos programas e agentes que operam a coleta e a sistematização de informação (Ramos; Schabbach, 2012; Jannuzzi, 2016).

Esse pressuposto de participação vem ganhando espaço porque inclui perspectivas diferentes dos agentes executores na discussão sobre os efeitos dos programas. A esse processo denomina-se *pesquisa-ação* ou *pesquisa-participante*, pois o objetivo é minimizar a distância entre avaliador e beneficiário, inserindo o valor da participação social na avaliação. Os participantes são envolvidos em todas as fases do ciclo, e o principal resultado está na retroalimentação do ciclo e no engajamento dos participantes na concretização dos resultados (Cohen; Franco, 1993; Barreira, 2000; Jannuzzi, 2016).

Barreira (2000, p. 63) compreende que esse modelo participativo aumenta a relevância e a apropriação do processo avaliativo, assim como permite "democratizar e produzir mudanças nas relações sociais existentes", possibilitando a transformação daquela realidade. Cousins e Earl (1995, citados por Barreira, 2000) apontam que, entre as características da avaliação participativa, está o interesse na utilização dos dados da avaliação para favorecer a solução das dificuldades práticas e gerar aprendizagem coletiva e mudança social.

6.2.4 Cronograma de execução

O processo avaliativo despende de dinheiro e tempo. Portanto, faz parte do planejamento explicitar o período necessário para realizar cada uma de suas atividades e detalhar os custos previstos nesse processo (Unicamp, 1999; Simões, 2015).

O cronograma físico é a descrição das atividades de acordo com o período que a pesquisa avaliativa será realizada. O Quadro 6.2, a seguir, apresenta esse cronograma.

Quadro 6.2 – Exemplo de cronograma físico

Atividade / mês	Jan	Fev	Mar	Abr	Mai	Jun
1. Planejamento	X					
1.1 Elaboração do planejamento	X					
1.2 Aprovação do planejamento	X					
2. Trabalho de campo		X	X	X		
2.1 Observações *in loco*		X	X			
2.2 Revisão de documentos		X				
2.3 Entrevistas			X			
2.4 Grupo focal			X	X		
2.5 Entrega de relatórios parciais			X	X		

(continua)

(Quadro 6.2 – conclusão)

Atividade / mês	Jan	Fev	Mar	Abr	Mai	Jun
3. Análise de dados				X	X	
4. Apresentação dos resultados					X	
4.1 Reunião para apresentação dos resultados					X	
4.2 Elaboração do relatório final						X
4.3 Entrega do relatório final						X

Fonte: Elaborado com base em Chianca, 2001.

Já o cronograma financeiro detalha os valores que serão dispendidos com a pesquisa avaliativa, entre os quais estão: formação da equipe (contratações e salários); deslocamento (passagens, transporte, estadia, alimentação); comunicação (telefonemas, envio de documentação); impressão e duplicação de instrumentos de coletas de dados, relatórios; processamento de dados (compra de sistemas informatizados, *softwares* específicos); material de consumo (lápis, papel, borracha). É importante atrelar os custos da pesquisa a cada atividade descrita no cronograma físico (Chianca, 2001).

Após ter sido estabelecido o planejamento das ações e entregue o documento aos gestores e tomadores de decisão, estes vão analisá-lo, dando um retorno para que se inicie sua efetiva execução ou para que sejam alterados alguns aspectos. Eles podem, ainda, recusar o cronograma.

6.3 Execução da pesquisa avaliativa

A etapa de execução da pesquisa refere-se à realização do trabalho de campo e à análise dos dados produzidos por esse processo. A seguir, vamos apresentar todos os passos dessa etapa.

- **Trabalho de campo:**
Trata-se de ir até a realidade que é o motivo de estudo e propiciar condições para que as informações necessárias sejam levantadas. Esse é um momento de extremo rigor técnico e zelo em sua condução e é essencial que sejam tomados todos os cuidados metodológicos, como a realização de testes prévios dos instrumentos elaborados, o planejamento da logística de coleta de dados e a promoção de capacitação e de supervisão à equipe, para que esteja comprometida com os objetivos da pesquisa e com a qualidade do trabalho realizado (Aguilar; Ander-Egg, 1994; Marino, 2003; Jannuzzi, 2016).

  A realização de pré-testes deve estimar aspectos relacionados ao tempo da entrevista ou da aplicação do questionário. Esse é o momento de definir as melhores estratégias de coleta de dados, adaptar ou corrigir o que for necessário, de acordo com o público e a realidade a ser estudada, e compatibilizar o tempo de coleta dos dados com os custos. Por exemplo, equipes grandes diminuem o tempo de execução, porém, exigem mais investimento de capacitação e supervisão, ao passo que equipes menores, com profissionais mais bem qualificados e bem remunerados, realizam as atividades em um tempo maior e com maior consistência (Jannuzzi, 2016).

  A equipe deve estar muito bem alinhada, sendo de extrema importância que seus integrantes estejam capacitados sobre os procedimentos metodológicos e operacionais. Todos devem compreender os aspectos conceituais envolvidos para que tenham o mesmo entendimento e a mesma expectativa sobre a pesquisa. Durante a coleta de dados, dúvidas e outras dificuldades quanto ao instrumental, a critérios amostrais e ao acesso a locais podem surgir, requerendo uma supervisão desse processo, que poderá diminuir vieses de aplicação e outros desvios sistemáticos que apareçam no decorrer da pesquisa. Tais dificuldades e outros problemas devem ser registrados, a fim de que seja possível realizar uma análise crítica no fim do trabalho de campo (Marino, 2003; Jannuzzi, 2016).

- **Análise dados e interpretação de resultados:**
Após o processo de coleta de dados, passa-se à análise de dados e interpretação de resultados da pesquisa. Nem sempre é preciso que a coleta esteja finalizada para que se inicie essa análise. Muitas vezes, essa exploração inicial permite identificar eventuais problemas do processo de coleta de dados (Jannuzzi, 2016). Um primeiro momento é a organização dos dados coletados, e a tarefa é facilitada quando os questionários apresentam formato e padrão que facilitam a tabulação. No caso de entrevistas, as perguntas devem estar na mesma ordem e, para facilitar o processamento e a análise, podem ser utilizados métodos informatizados, principalmente quando se trabalha com um volume grande de variáveis e indicadores (Marino, 2003).

> A equipe deve estar muito bem alinhada, sendo de extrema importância que seus integrantes estejam capacitados sobre os procedimentos metodológicos e operacionais.

Outra questão importante é a realização de uma análise de consistência dos dados de campo, comparando-se as variáveis ao longo do tempo ou entre regiões. Isso possibilita o aprimoramento da qualidade da informação coletada, realizando ajustes ou, até mesmo, descartando uma informação enviesada (Marino, 2003; Jannuzzi, 2016).

Enfim, têm início a análise e a interpretação dos resultados. Dependendo do tipo de processo avaliativo a ser realizado, há uma ampla gama de métodos e técnicas. Em pesquisas de cunho qualitativo, é possível utilizar técnicas de análise de conteúdo nas quais são classificados trechos do texto em categorias analíticas, sistematizando temas, interpretações e outros aspectos que facilitam a compreensão dos dados coletados. Outra forma é a análise de discurso, em que são identificadas as construções ideológicas da fala do avaliado, compreendendo o contexto social em que o discurso é produzido (Brasil, 2015; Jannuzzi, 2016).

Com relação aos dados quantitativos, a análise poderá acontecer por meio de frequências nas quais será realizada uma contagem para demonstrar a incidência do fator estudado na amostra e feita uma aferição da frequência dos dados por meio de *softwares* específicos. Outra forma de análise são os cruzamentos de variáveis, em que é elaborada uma relação hipotética entre duas variáveis, por exemplo, quando a taxa de analfabetismo é influenciada pela condição socioeconômica, realizando testes estatísticos para confirmar a tendência encontrada (Brasil, 2015).

Jannuzzi (2016, p. 66) reforça que "não é a sofisticação da técnica analítica que confere legitimidade científica ou relevância substantiva à pesquisa de avaliação", mas o modelo teórico escolhido que esteja mais relacionado às perguntas motivadoras da pesquisa.

- **Relatórios parciais:**
Durante o processo de trabalho de campo, aqueles que contrataram a pesquisa avaliativa podem solicitar o acompanhamento de sua execução. Esses relatórios são utilizados tanto para validar os produtos da avaliação para fins de pagamento quanto para detectar e contornar eventuais dificuldades por ambas as partes. Dessa forma, podem-se fazer relatórios parciais de avanço sobre o processo avaliativo, demonstrando o andamento de acordo com o cronograma inicial. Para tanto, é importante que haja uma sistematização das informações constantes sobre fontes e usos de recursos orçamentários e financeiros para fins de prestação de contas e relatórios regulares das atividades dos avaliadores (Unicamp, 1999; Simões, 2015).

6.4 Relatório final

Após a etapa de análise e a interpretação dos dados, chega-se a algumas conclusões. Estas não devem ser entendidas como definitivas, mas como um retrato da situação naquele momento. Dessa forma, a equipe deve discutir os dados encontrados considerando aspectos científicos e contextuais, para que seja elaborado um relatório da pesquisa (Aguilar; Ander-Egg, 1994).

A elaboração desse relatório tem como objetivo comunicar os achados a seus principais interessados, para que se tornem ações práticas. Isso implica utilização de uma linguagem clara, inteligível e concreta para transmitir os resultados aos diferentes interessados: técnicos, gestores e tomadores de decisão do programa. Esse relatório não deve ser confundido com trabalhos a serem submetidos a revistas científicas, que apresentam linguagem e organização que não atingem esse público ou, ainda, realizam uma apresentação exaustiva dos resultados, tornando a leitura cansativa e muito especializada (Marino, 2003; Jannuzzi, 2016).

Alguns autores sugerem a estruturação do relatório a partir de um esquema adaptável à realidade da pesquisa. Outros o simplificam ou detalham ainda mais, porém, de forma convergente, é possível identificar os seguintes aspectos para esse relatório:

- Sumário.
- Informações sobre o programa: caracterização constando objetivos, público-alvo, atividades, entre outros.
- Descrição do estudo avaliativo: delineamento dos passos realizados que inclua proposta, plano, métodos e técnicas utilizadas, indicadores ou variáveis selecionadas.
- Resultados: dados brutos encontrados, apresentados de forma clara e sucinta.
- Discussão dos resultados: análise dos dados de acordo com o objetivo e as perguntas realizadas inicialmente.
- Conclusões e recomendações: implicações para o programa e recomendação de propostas práticas, facilmente utilizáveis pelos diferentes atores envolvidos.

Independentemente de um modelo de estrutura, é importante que a apresentação da pesquisa organize os resultados dando enfoque a seus aspectos centrais. Organizá-los por temas ou por perguntas de interesse pode ser uma estratégia de comunicação interessante, assim como utilizar tabelas analíticas quando houver manipulação dos dados brutos – por exemplo, tabelas de porcentagem –, apresentando-os com melhor visualização. Outra estratégia é a utilização de gráficos e diagramas que possibilitem analisar as informações de maneira rápida ou, ainda, elaborar seções metodológicas práticas e visualizáveis para facilitar a consulta (Aguilar; Ander-Egg, 1994; Jannuzzi, 2016). Simões (2015) sugere que a linguagem e a forma de disseminação dos resultados dependem do usuário: para gestores de nível estratégico, é mais conveniente um instrumento de divulgação que forneça um resumo curto e qualificado dos resultados da avaliação, já a equipe técnica está mais interessada nos detalhes que são apresentados nos relatórios de pesquisa.

6.5 Utilização e disseminação dos dados

O processo avaliativo não deve ser considerado como um fim em si mesmo. Ele apresenta características importantes, principalmente para retroalimentar o ciclo de políticas. Dessa forma, os dados encontrados durante a pesquisa avaliativa devem propor recomendações para que o processo como um todo seja revisto, melhorado e ampliado (Aguilar, Ander-Egg, 1994).

A depender do tipo de modalidade avaliativa proposta, haverá implicação em diferentes áreas de tomada de decisão. O monitoramento acarretará uma reflexão sobre aspectos processuais do programa, tanto relacionados a atividades pontuais quanto à retomada da formulação do programa. Na avaliação, os resultados devem propor aos gestores que considerem sua continuidade e servir de base para a elaboração de novas políticas e programas sociais (Marino, 2003, Jannuzzi, 2014).

De maneira geral, é possível dizer que os resultados de um processo avaliativo só têm sentido quando propõem ações futuras, caso isso não aconteça é porque algo não funcionou. As causas para essa possível falha são diversas, desde incompetência técnica com uso de metodologias inadequadas, apresentação de resultados de maneira complexa e ininteligível e até mesmo falta de interesse dos tomadores de decisão em aplicar os resultados e as recomendações no programa (Aguilar, Ander-Egg, 1994).

Os resultados encontrados pela pesquisa avaliativa devem ser registrados, a fim de divulgar a experiência concreta do programa, influenciando políticas e programas sociais a adotar como parâmetro as experiências exitosas. É importante considerar que o processo avaliativo é uma fotografia daquele momento, naquele determinado contexto. Portanto, não necessariamente terá êxito ao ser replicado em diferentes comunidades, ainda assim, tais experiências constituem uma referência muito útil para propor modelos de trabalho (Marino, 2003).

Os procedimentos metodológicos utilizados pela pesquisa também devem ser divulgados, caracterizando boas experiências para fins de replicação de técnicas e estratégias. Ou, pelo menos, que o processo avaliativo seja objeto de estudo e reflexão da própria equipe, de modo a aprimorar a sistemática avaliativa (Marino, 2003).

Para saber mais

BRASIL. Ministério da Cidadania. **Sagi**. Disponível em: <https://aplicacoes.mds.gov.br/sagi/portal>. Acesso em: 25 jun 2019.

O Portal da Secretaria de Avaliação e Gestão da Informação (Sagi) do MDS publica regularmente cadernos de estudo em que são divulgadas pesquisas e discussões sobre políticas e programas sociais desse ministério. Acesse o site, e clique na aba "Publicações" para ter acesso a todos os cadernos de estudo.

Síntese

Neste capítulo, procuramos demonstrar como elaborar um projeto para a execução do processo avaliativo. Inicialmente, foram apresentados os aspectos preliminares, a fim de identificar a viabilidade da realização do processo avaliativo em si, nos quais devem ser executados alguns procedimentos, tais como compatibilizar o objetivo da solicitação com as exigências do método científico; identificar a fase de maturação do ciclo de programas; conhecer e descrever o funcionamento do programa, com vistas a levantar as questões mais adequadas para a pesquisa avaliativa; constituir com os gestores um fluxo de informações e acesso aos dados necessários para realização do estudo avaliativo; e por fim, verificar se a pesquisa avaliativa é viável, considerando tais aspectos e as capacidades técnicas e metodológicas da equipe que vai executá-la.

Também identificamos os principais componentes para a elaboração de um plano de pesquisa avaliativa, descrevendo como ele será operacionalizado. O primeiro componente é a descrição lógica do programa, na qual é possível visualizar seu funcionamento como um todo; posteriormente, faz-se sua descrição, com um planejamento que deve incluir os objetivos geral e específico da pesquisa avaliativa, especificando qual modalidade avaliativa será realizada e os componentes a serem avaliados. Passa-se, então, ao desenho metodológico da pesquisa avaliativa, ou seja, a delimitar **onde** (contexto territorial), **quem** (sujeitos que farão parte da pesquisa), **por quê** (perguntas a que a pesquisa responderá) e **como** (métodos e técnicas utilizadas e profissionais envolvidos) será realizado o processo avaliativo. O último componente do planejamento é a elaboração de um cronograma físico-financeiro, que explicita o período necessário para realizar cada atividade do processo avaliativo e detalha os custos previstos para sua execução.

Após a entrega e a aprovação do planejamento, inicia-se a execução da pesquisa avaliativa, que está relacionada ao trabalho de campo e à análise dos dados produzidos por esse processo. O trabalho de campo está relacionado à coleta de dados, a qual requer extrema atenção ao rigor técnico e zelo em sua condução, a fim de que as informações sejam levantadas com a maior fidedignidade possível. É importante, ainda, que essa etapa inclua a realização de pré-testes e a capacitação dos profissionais envolvidos. Após o processo de coleta de dados, passa-se a realizar sua análise e a interpretação de resultados da pesquisa, que serão elaborados de acordo com métodos, técnicas e instrumentos selecionados. A etapa de análise e interpretação dos dados oferece alguns resultados, os quais devem ser discutidos levando em consideração aspectos científicos e contextuais para que seja elaborado um relatório da pesquisa avaliativa. Tal relatório tem como objetivo comunicar os achados a seus principais interessados (técnicos, gestores e tomadores de decisão do programa) e deve utilizar linguagem clara, inteligível e concreta, demonstrando aspectos mais relevantes, de modo que se tornem ações práticas.

Por fim, tecemos algumas considerações sobre a utilização e a disseminação dos dados encontrados pelo processo avaliativo. O processo avaliativo deve proporcionar reflexão e retroalimentação do ciclo de políticas e, para tanto, deve propor recomendações futuras para rever, ampliar e melhorar o programa. No fim, é imprescindível que a pesquisa avaliativa seja disseminada e publicizada, a fim de divulgar a experiência concreta do programa, influenciando outras políticas e programas sociais, bem como que sejam difundidos os procedimentos metodológicos utilizados no processo avaliativo.

Questões para revisão

1. Explique a importância de considerar alguns aspectos preliminares no planejamento e na execução da pesquisa.
2. Disserte sobre os componentes para a elaboração de um plano da pesquisa avaliativa.

3. Com relação aos componentes que fazem parte da etapa de execução da pesquisa avaliativa, assinale a alternativa correta:
   a) A execução da pesquisa avaliativa está envolvida apenas com o trabalho de campo.
   b) A análise de dados faz parte do trabalho de campo da pesquisa avaliativa.
   c) Estão relacionados à etapa de execução da pesquisa o trabalho de campo, à análise de dados e à interpretação de resultados.
   d) A execução da pesquisa avaliativa é composta apenas por dois processos: análise de dados e interpretação de resultados.
   e) A coleta de dados está relacionada ao processo de planejamento da pesquisa avaliativa.

4. Com relação ao relatório final, assinale a alternativa correta:
   a) Os achados resultantes da etapa de análise e interpretação de dados devem ser entendidos como definitivos.
   b) O relatório final deve ser elaborado para ser submetido a revistas científicas com apresentação especializada e exaustiva dos resultados.
   c) O instrumento de divulgação deve estar voltado apenas aos gestores de níveis estratégicos.
   d) A elaboração do relatório é composta por seis etapas estanques, ou seja, não são adaptáveis à realidade da pesquisa.
   e) A organização dos resultados no relatório deve focalizar os aspectos mais centrais, utilizando estratégias metodológicas práticas e visualizáveis.

5. Sobre o processo de utilização e de disseminação de dados, assinale a alternativa correta:
   a) Objetiva-se, com o processo avaliativo, proporcionar a retroalimentação do ciclo de políticas.
   b) O avaliador deve restringir-se às informações dos dados, não propondo recomendações sobre seu uso futuro.

c) Os achados da pesquisa avaliativa só servem para o programa que está sendo avaliado, não influenciando outros programas.
d) Os procedimentos metodológicos utilizados no processo avaliativo não devem ser divulgados.
e) As implicações das modalidades avaliativas tanto de monitoramento quanto de avaliação são de reflexão sobre os aspectos processuais do programa.

Para concluir...

Nesta obra, nosso intuito foi sistematizar conceitos e sugerir, na visualização do processo avaliativo, a possibilidade de atuação de atividades de assessoria e consultoria para trabalhar com políticas, programas e projetos sociais. Como discute Jannuzzi (2014), as políticas sociais têm ampliado seu escopo com ações de cunho redistributivo e de promoção de acesso a direitos sociais. Dessa forma, surge a necessidade de produção de informações e desenvolvimento de estudos para melhor compreender os programas. Para tanto, devemos considerar a complexidade das problemáticas sociais e estabelecer um processo avaliativo que contemple a análise de suas etapas e seus pontos particulares em cada projeto como um todo.

Para compreender o processo avaliativo, optamos por não apresentar uma narrativa linear das variadas classificações e dos tipos de avaliação, usualmente empregados e descritos nos livros sobre o assunto. Procedemos dessa forma, por um lado, porque as classificações apresentam vários tipos e, muitas vezes, divergem sobre o que distingue cada tipo, e, por outro, porque a literatura não mostrou consenso a respeito. Diante disso, em cada etapa do processo avaliativo, sugerimos considerar as classificações que apresentam uso efetivo de acordo com as demandas e as informações (Jannuzzi, 2014) do ciclo de vida das políticas.

Assim, compreendemos o processo avaliativo constituído por uma série de modalidades, com características e estratégias diferentes, para que cumpram o papel de retroalimentação no ciclo de políticas e no aprimoramento do programa, priorizando a tomada de decisão por evidências. Entre as modalidades avaliativas, monitoramento e avaliação foram elementos protagonistas de nossas discussões neste livro. Demonstramos como essas etapas exigem métodos e técnicas bem estabelecidos, que proponham uma reflexão intencional e que se fundamentem em repensar o problema que precedeu a criação de projetos, programas e políticas em avaliação para além da mera aplicação de técnicas e instrumentos.

O processo avaliativo é complexo e integra-se como um ciclo circuito, exigindo planejamento, desenho claro de projeto e escolha de indicadores adequados em cada contexto. Há uma ampla gama de indicadores e possibilidades de utilização nos tipos de avaliação aqui identificados. Lembramos que a qualidade e a funcionalidade desses instrumentos não estão relacionadas à quantidade, mas à relevância dos indicadores selecionados, que devem estar consoantes com o que se precisa mensurar.

O ciclo de política e o processo avaliativo se inter-relacionam, e as etapas das políticas exigem modalidades avaliativas diferentes. Assim, há planos distintos para cada etapa avaliativa. A existência de distintas pesquisas avaliativas e modelos consistentes de monitoramento contribui muito para o desenvolvimento de políticas públicas responsáveis voltadas para a efetividade das suas ações. Cada etapa, ao demonstrar aspectos que podem retroalimentar a política e corrigir seus rumos, pode favorecer as outras etapas.

Para que todo esse processo seja possível, devemos considerar que a contratação de profissionais – no formato de assessoria, consultoria ou ocupando os profissionais da equipe do projeto – delimita aspectos técnicos, metodológicos e políticos para que o processo avaliativo, em suas diferentes modalidades, seja operacionalizado.

Nesta obra, nosso objetivo foi traçar possibilidades de atuação e ampliar conhecimentos no trabalho de construção de políticas, programas e projetos sociais. O processo avaliativo é composto de etapas que geram diferentes oportunidades para a ação de assessoramento e consultoria, principalmente na elaboração e na execução de pesquisas avaliativas e em propostas de sistemas de monitoramento. Em especial, acentuamos que o profissional deve estar apto para realizar análise crítica das modalidades avaliativas e colaborar no desenvolvimento da transparência e da racionalidade das políticas públicas. A contribuição pessoal do processo avaliativo engendra caminhos de aprendizagem coletiva para o avanço nas políticas públicas sociais.

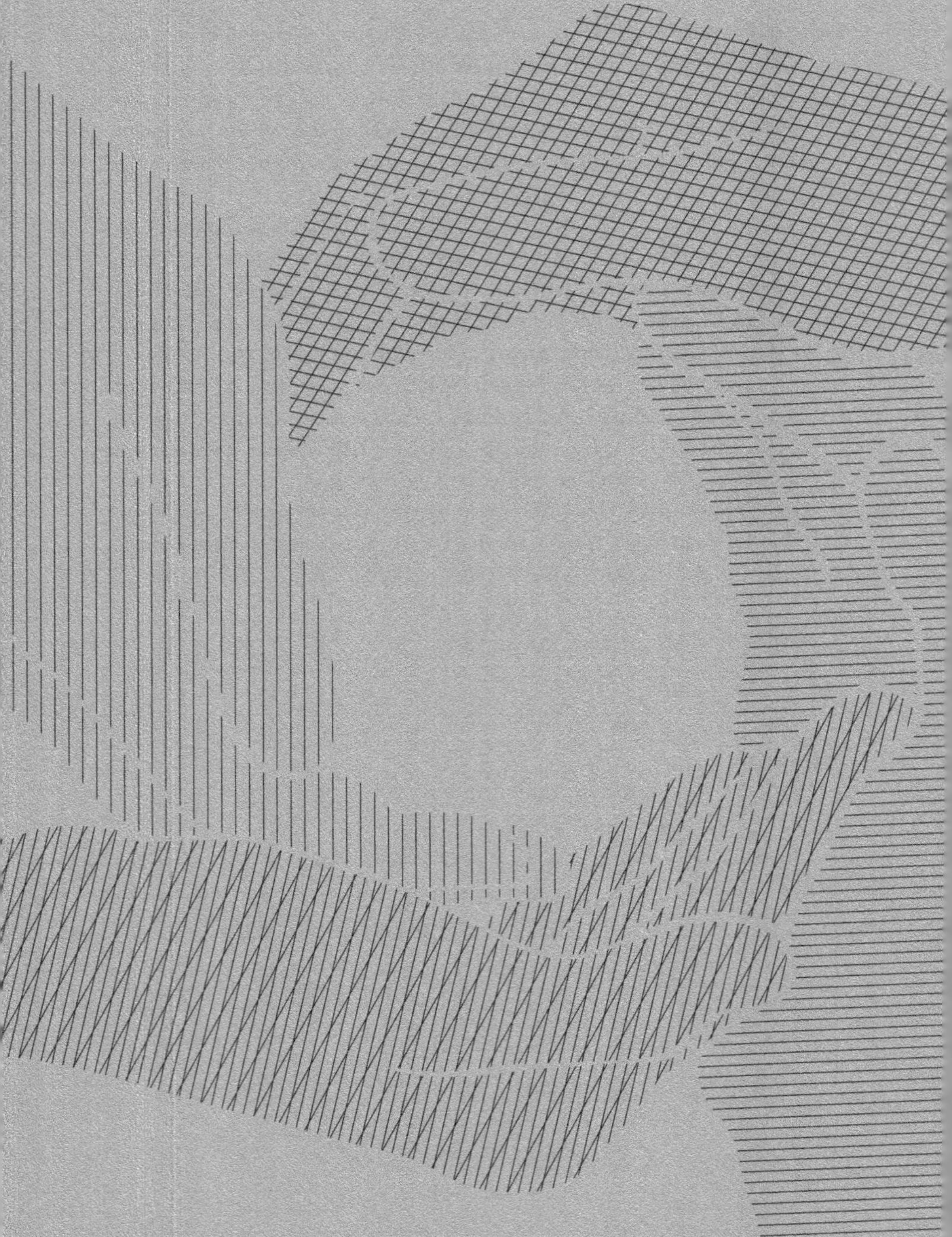

Referências

AGUILAR, M. J.; ANDER-EGG, E. **Avaliação de serviços e programas sociais**. Tradução de Jaime A. Clasen e Lúcia Mathilde E. Orth. Petrópolis: Vozes, 1994.

ANUNCIATO, K. M.; FRANCO, C. Análise dos principais indicadores de pobreza e desigualdade social de Mato Grosso do Sul. **Revista Unemat de Contabilidade**, v. 6, n. 11, 2017. Disponível em: <https://periodicos.unemat.br/index.php/ruc/article/viewFile/819/1799>. Acesso em: 25 jun. 2019.

ARAÚJO, E. T. et al. Avaliação da implementação dos centros-dia de referência para pessoas com deficiência e suas famílias no âmbito do Sistema Único de Assistência Social (SUAS). In: JANNUZZI, P. de M.; MONTAGNER, P. (Org.). **Cadernos de Estudos Desenvolvimento Social em Debate**, Brasília, n. 27, p. 199-203, 2016. Disponível em: <https://fpabramo.org.br/acervosocial/estante/cadernos-de-estudos-desenvolvimento-social-em-debate-n-27-sintese-das-pesquisas-de-avaliacao-de-programas-sociais-do-mds-2015-2016/>. Acesso em: 25 jun. 2019.

ARRETCHE, M. T. da S. Tendências no estudo sobre avaliação. In: RICO, E. M. (Org.). **Avaliação de políticas sociais:** uma questão em debate. São Paulo: Cortez/Instituto de Estudos Especiais, 1998. p. 29-39.

_____. Uma contribuição para fazermos avaliações menos ingênuas. In: BARREIRA, M. C. R. N.; CARVALHO, M. do C. B. de. **Tendências e perspectivas na avaliação de políticas e programas sociais.** São Paulo: IEE/PUC-SP, 2001. p. 44-55.

BAKER, J. Avaliando o impacto de projetos em desenvolvimento voltados à pobreza. In: BARREIRA, M. C. R. N.; CARVALHO, M. do C. B. de. **Tendências e perspectivas na avaliação de políticas e programas sociais.** São Paulo: IEE/PUC-SP, 2001. p. 57-76.

BARREIRA, M. C. R. N. **Avaliação participativa de programas sociais.** São Paulo: Veras, 2000.

BARROS, A. R. C. et al. Pesquisa de avaliação de impacto do Benefício de Prestação Continuada: linha de base. In: TAPAJÓS, L.; QUIROGA, J. (Org.). **Cadernos de Estudos Desenvolvimento Social em Debate**, Brasília, n. 13, p. 46-52, 2010. Disponível em: <https://aplicacoes.mds.gov.br/sagirmps/ferramentas/docs/caderno%20-%2013.pdf>. Acesso em: 25 jun. 2019.

BARROS, R. P. de; LIMA, L. Avaliação de impacto de programas sociais: por que, para que e quando fazer? In: MENEZES FILHO, N. (Org.). **Avaliação econômica de projetos sociais.** São Paulo: Dinâmica, 2012. p. 13-29.

BID – Banco Interamericano de Desenvolvimento. **Gerenciamento de projetos de desenvolvimento.** 4. ed. Project Management Associate, 2015.

BOSCHETTI, I. Avaliação de políticas, programas e projetos sociais. In: CFESS – Conselho Federal de Serviço Social. ABEPSS – Associação Brasileira de Ensino e Pesquisa em Serviço Social. (Org.). **Serviço social:** direitos sociais e competências profissionais. Brasília, 2009. v. 1, p. 575-592.

BOULLOSA, R. de F.; ARAÚJO, E. T. de. **Avaliação e monitoramento de projetos sociais.** Curitiba: Iesde, 2010.

BRASIL. **Caderno de estudos do curso em conceitos e instrumentos para o monitoramento de programas**. Brasília, 2015. Disponível em: <https://www.ufrgs.br/cegov/publicacao/v/74?n=Caderno_de_estudos_do_Curso_em_Conceitos_e_Instrumentos_para_o_Monitoramento_de_Programas>. Acesso em: 25 jun. 2019.

BRASIL. Constituição (1988). **Diário Oficial da União**, Brasília, DF, 5 out. 1988. Disponível em: <http://www.planalto.gov.br/ccivil_03/constituicao/ConstituicaoCompilado.htm>. Acesso em: 18 mar. 2019.

BRASIL. Lei n. 8.662, de 7 de junho de 1993. **Diário Oficial da União**, Poder Legislativo, Brasília, DF, 8 jul. 1993. Disponível em: <http://www.planalto.gov.br/ccivil_03/leis/L8662.htm>. Acesso em: 25 jun. 2019.

BRASIL. Ministério do Desenvolvimento Social e Combate à Fome. Secretaria de Avaliação e Gestão da Informação. Secretaria Nacional de Assistência Social. Centro de Estudos Internacionais sobre o Governo. **Curso em conceitos e instrumentais para o monitoramento de programas**. Brasília, 2016. Disponível em: <https://aplicacoes.mds.gov.br/sagirmps/ferramentas/docs/CEGOV%20-%202015%20-%20MDS%20Monitoramento%20Caderno%20de%20Estudos.pdf>. Acesso em: 25 jun. 2019.

BRASIL. Ministério do Desenvolvimento Social. Secretaria Nacional de Renda de Cidadania. Departamento de Operação. Coordenação Geral de Apoio à Gestão Descentralizada. **Manual do índice de gestão descentralizada municipal do Programa Bolsa Família e do cadastro único** (municípios e Distrito Federal). Brasília, 2012. Disponível em: <http://www.mds.gov.br/webarquivos/publicacao/bolsa_familia/Guias_Manuais/ManualIGD.pdf>. Acesso em: 25 jun. 2019.

BRASIL. Ministério do Planejamento, Orçamento e Gestão. Portaria n. 198, de 18 de julho de 2005. **Diário Oficial da União**, Brasília, DF, 2005. Disponível em: <http://bibspi.planejamento.gov.br/handle/iditem/540>. Acesso em: 25 jun. 2019.

BRASIL. Ministério do Planejamento, Orçamento e Gestão. Secretaria de Planejamento e Investimentos Estratégicos. **Indicadores de programas**: guia metodológico. Brasília, 2010. Disponível em: <http://bibspi.planejamento.gov.br/bitstream/handle/iditem/688/Indicadores_programas-guia_metodologico.pdf?sequence=1&isAllowed=y>. Acesso em: 25 jun. 2019.

_____. **Curso de Capacitação EAD em Planejamento Estratégico Municipal e Desenvolvimento Territorial**. Módulo 3: Monitoramento e Avaliação. 2013. Disponível em: <http://bibspi.planejamento.gov.br/handle/iditem/653>. Acesso em: 25 jun. 2019.

CASSIOLATO, M.; GUERESI, S. **Como elaborar modelo lógico**: roteiro para formular programas e organizar avaliação. Nota Técnica n. 6. Brasília: Ipea, 2010. Disponível em: <http://www.ipea.gov.br/portal/index.php?option=com_content&view=article&id=5134>. Acesso em: 25 jun. 2019.

CAVALCANTI, M. M. de A. Avaliação de políticas públicas e programas governamentais: uma abordagem conceitual. **Interfaces de Saberes**, João Pessoa, v. 6, p. 1-13, 2006. Disponível em: <https://interfacesdesaberes.fafica-pe.edu.br/index.php/import1/article/view/20/8>. Acesso em: 25 jun. 2019.

CEPAL – Comissão Econômica para a América Latina e o Caribe. **Manual de formulação e avaliação de projetos sociais**. Curso de formulação, avaliação e monitoramento de projetos sociais. [S.l.], 1997.

CHIANCA, T. Avaliando programas sociais: conceitos, princípios e práticas. In: CHIANCA, T.; MARINO, E.; SCHIESARI, L. **Desenvolvendo a cultura de avaliação em organizações da sociedade civil**. São Paulo: Global, 2001. p. 15-84.

COHEN, E.; FRANCO, R. **Avaliação de projetos sociais**. Petrópolis: Vozes, 1993.

COSTA, F. L. da; CASTANHAR, J. C. Avaliação de programas públicos: desafios conceituais e metodológicos. **Revista de Administração Pública**, Rio de Janeiro, v. 37, n. 5, 2003. Disponível em: <http://bibliotecadigital.fgv.br/ojs/index.php/rap/article/view/6509>. Acesso em: 25 jun. 2019.

CROCCO, L.; GUTTMANN, E. **Consultoria empresarial**. 2. ed. São Paulo: Saraiva, 2010.

DRAIBE, S. M. Avaliação de implementação: esboço de uma metodologia de trabalho em políticas públicas. In: BARREIRA, M. C. R. N.; CARVALHO, M. do C. B. de. **Tendências e perspectivas na avaliação de políticas e programas sociais**. São Paulo: IEE/PUC-SP, 2001. p. 13-42.

DUARTE, C. S. O ciclo das políticas públicas. In: SMANIO, G. P.; BERTOLIN, P. T. M. (Org.). **O direito e as políticas públicas no Brasil**. São Paulo: Atlas, 2013. p. 16-43.

FARAH, M. F. S. Administração pública e políticas públicas. **Revista de Administração Pública**, v. 45, n. 3, p. 813-836, maio/jun. 2011. Disponível em: <http://www.scielo.br/pdf/rap/v45n3/11.pdf>. Acesso em: 25 jun.2019.

FARIA, C. A. P. A política da avaliação de políticas públicas. **Revista Brasileira de Ciências Sociais**, v. 20, n. 59, p. 97-109, 2005. Disponível em: <http://www.scielo.br/pdf/%0D/rbcsoc/v20n59/a07v2059.pdf>. Acesso em: 25 jun. 2019.

FARIA, R. Avaliação de programas sociais: evoluções e tendências. In: RICO, E. M. (Org.). **Avaliação de políticas sociais**: uma questão em debate. São Paulo: Cortez/Instituto de Estudos Especiais, 1998. p. 41-49.

FERREIRA, H.; CASSIOLATO, M.; GONZALEZ, R. **Como elaborar modelo lógico de programa: um roteiro básico**. Nota Técnica n. 2. Brasília: Ipea, 2007. Disponível em: <http://www.ipea.gov.br/portal/index.php?option=com_content&view=article&id=605>. Acesso em: 25 jun. 2019.

FIGUEIREDO, M. F.; FIGUEIREDO, A. M. C. Avaliação política e avaliação de políticas: um quadro de referência teórica. **Análise e Conjuntura**, Belo Horizonte, v. 1, n. 3, p. 107-127, set./dez. 1986. Disponível em: <http://www.josenorberto.com.br/AC-2007-38.pdf>. Acesso em: 1º maio 2019.

FOGUEL, M. N. Métodos básicos de avaliação de impacto. In: MENEZES FILHO, N. (Org.). **Avaliação econômica de projetos sociais**. São Paulo: Dinâmica, 2012. p. 31-83.

FREIRE JUNIOR, J. **Entendendo os principais indicadores sociais e econômicos**. Fortaleza: Ipece, 2010. Disponível em:

<http://www.ipece.ce.gov.br/publicacoes/ENTENDENDO_OS_PRINCIPAIS_INDICADORES_SOCIAIS_E_ECONOMICOS.pdf>. Acesso em: 23 jan. 2018.

FREY, K. Políticas públicas: um debate conceitual e reflexões referentes à prática da análise de políticas públicas no Brasil. **Planejamento e Políticas Públicas**, n. 21, 2000. Disponível em: <http://www.ipea.gov.br/ppp/index.php/PPP/article/view/89>. Acesso em: 25 jun. 2019.

GERTLER, P. J. et al. **Avaliação de impacto na prática**. Banco Mundial, Washington, 2007.

GOERCK, C.; VICCARI, E. M. Assessoria: processo de trabalho do serviço social. **Textos & Contextos**, v. 3, n. 1, p. 211-259, 2004. Disponível em: <http://revistaseletronicas.pucrs.br/fass/ojs/index.php/fass/article/view/990>. Acesso em: 25 jun. 2019.

GOMES, M. R. B. Consultoria social nas empresas: entre a inovação e a precarização silenciosa do serviço social. **Serviço Social e Sociedade**, São Paulo, n. 122, p. 357-380, 2015. Disponível em: <http://www.scielo.br/scielo.php?pid=S0101-66282015000200357&script=sci_abstract&tlng=pt>. Acesso em: 25 jun. 2019.

GUIMARÃES, J. R. S.; JANNUZZI, P. de M. Indicadores sintéticos no processo de formulação e avaliação de políticas públicas: limites e legitimidades. In: ENCONTRO NACIONAL DE ESTUDOS POPULACIONAIS, 14., 2004, Caxambu. Disponível em: <http://www.abep.org.br/publicacoes/index.php/anais/article/view/1451/1416>. Acesso em: 25 jun. 2019.

GUIMARÃES, N. A. **Métodos e técnicas de pesquisa para o curso de Ciências Sociais da USP e Manual da oficina de capacitação em avaliação com foco na melhoria do Programa DST-Aids**. Disponível em: <http://www.aids.gov.br/sites/default/files/manual_of_prof.pdf>. Acesso em: 10 jan. 2018.

JANNUZZI, P. de M. Avaliação de programas sociais no Brasil: repensando práticas e metodologias das pesquisas avaliativas. **Planejamento e Políticas Públicas**, n. 36, jan./jul. 2011. Disponível em: <http://www.ipea.gov.br/ppp/index.php/PPP/article/view/228/212>. Acesso em: 25 jun. 2019.

JANNUZZI, P. de M. Avaliação de programas sociais: conceitos e referenciais de quem a realiza. **Revista Estudos em Avaliação Educacional**, São Paulo, v. 25, n. 58, p. 22-42, maio/ago. 2014. Disponível em: <http://publicacoes.fcc.org.br/ojs/index.php/eae/article/view/2916/2768>. Acesso em: 25 jun. 2019.

_____. Indicadores para diagnóstico, monitoramento e avaliação de programas sociais no Brasil. **Revista do Serviço Público**, Brasília, v. 56, n. 2, p. 137-160, 2005. Disponível em: <https://revista.enap.gov.br/index.php/RSP/article/view/222>. Acesso em: 25 jun. 2019.

_____. **Indicadores sociais no Brasil**: conceitos, fontes de dados e aplicação. 3. ed. Campinas: Alínea, 2001.

_____. **Monitoramento e avaliação de programas sociais**: uma introdução aos conceitos e técnicas. Campinas: Alínea, 2016.

JANNUZZI, P. M. et al. Estruturação de sistemas de monitoramento e especificação de pesquisas de avaliação: os problemas dos programas públicos são. In: FRANZESE, C. et al. **Reflexões para Ibero-América**: avaliação de programas sociais. Brasília: Enap, 2009. p. 101-138. v. 1. Disponível em: <http://repositorio.enap.gov.br/handle/1/693>. Acesso em: 25 jun. 2019.

KAUCHAKJE, S. **Elaboração e planejamento de projetos sociais**. Curitiba: Iesde, 2008.

LIRA et al., Avaliação do programa de alimentação do trabalhador da região metropolitana de Recife. In: JANNUZZI, P. de M.; MONTAGNER, P. (Org.). **Cadernos de Estudos Desenvolvimento Social em Debate**, Brasília, n. 27, p. 273-277, 2016. Disponível em: <https://fpabramo.org.br/acervosocial/estante/cadernos-de-estudos-desenvolvimento-social-em-debate-n-27-sintese-das-pesquisas-de-avaliacao-de-programas-sociais-do-mds-2015-2016/>. Acesso em: 25 jun. 2019.

LOBO, T. Avaliação de processos e impactos em programas sociais: algumas questões para reflexão. In: RICO, E. M. (Org.). **Avaliação de políticas sociais**: uma questão em debate. São Paulo: Cortez/Instituto de Estudos Especiais, 1998. p. 75-84.

MACHADO, B. R.; MAFRA, R. L. M. Assessoria política e seu caráter formador: uma nova frente de atuação para o profissional de secretariado executivo? **Revista de Ciências Humanas**, Viçosa, v. 15, n. 1, p. 107-123, jan./jun. 2015. Disponível em: <http://www.locus.ufv.br/bitstream/handle/123456789/13134/artigo6dvol15-1.pdf?sequence=1>. Acesso em: 25 jun. 2019.

MAINARDES, J.; FERREIRA, M. dos S.; TELLO, C. Análise de políticas: fundamentos e principais debates teórico – metodológicos. In: BALL, S. J.; MAINARDES, J. **Políticas educacionais**: questões e dilemas. São Paulo: Cortez, 2011. p. 143-172.

MARINO, E. **Manual de avaliação de projetos sociais**. 2. ed. São Paulo: Instituto Ayrton Senna, 2003.

MATOS, M. C. de. Assessoria, consultoria, auditoria e supervisão técnica. In: CFESS – Conselho Federal de Serviço Social (Org.). **Serviço social**: direitos sociais e competências profissionais. Brasília, 2009. p. 594-612.

MELO, M. A. As sete vidas da agenda pública brasileira. In: RICO, E. M. (Org.). **Avaliação de políticas sociais**: uma questão em debate. São Paulo: Cortez/Instituto de Estudos Especiais, 1998. p. 11-28.

NAZARENO, L. R. de; SOUZA JUNIOR, P. C. de; IGNÁCIO, S. A. Índice de vulnerabilidade das famílias paranaenses: mensuração a partir do cadastro único para programas sociais – CadÚnico. **Nota Técnica Ipardes**, Curitiba, 2012. Disponível em: <http://www.ipardes.gov.br/biblioteca/docs/Indice_Vulnerabilidade_familias.pdf>. Acesso em: 25 jun. 2019.

NOGUEIRA, V. M. R. Avaliação e monitoramento de políticas e programas sociais: revendo conceitos básicos. **Katálysis**, Florianópolis, v. 5 n. 2, 2002. Disponível em: <https://periodicos.ufsc.br/index.php/katalysis/article/view/6076>. Acesso em: 25 jun. 2019.

PARADA, E. L. Política y políticas públicas. In: SARAVIA, E.; FERRAREZI, E. (Org.). **Políticas públicas**: coletânea. Brasília: Enap, 2006. p. 67-198.

PARANÁ. Projeto Multissetorial para o Desenvolvimento do Paraná. **Relatório de Monitoramento: 1º Semestre de 2014**.

Disponível em: <http://www.planejamento.pr.gov.br/arquivos/File/Monitoramento/RelatoriodeMonitoramento1Semestre2014.pdf>. Acesso em: 25 jun. 2019.

PASSOS, C. A. K. (Org.). **Indicadores, ONG e cidadania**: contribuições sociopolíticas e metodológicas. Curitiba: Plataforma Contrapartes Novib, GT Indicadores, 2003. v. 1.

PEIXOTO, B. O cálculo do retorno econômico. In: MENEZES FILHO, N. (Org.). **Avaliação econômica de projetos sociais**. São Paulo: Dinâmica, 2012. p. 149-182.

PESSOA, M. de S.; SILVEIRA, M. A. C. **Indicadores objetivos e subjetivos de qualidade de vida das famílias brasileiras segundo a POF de 2002-2003**: um estudo sobre seus determinantes demográficos, sociais e econômicos. Texto para discussão n. 1.437. Rio de Janeiro: Ipea, 2009. Disponível em: <http://www.ipea.gov.br/agencia/images/stories/PDFs/TDs/td_1437.pdf>. Acesso em: 25 jun. 2019.

RAMOS, M. P.; SCHABBACH, L. M. O estado da arte da avaliação de políticas públicas: conceituação e exemplos de avaliação no Brasil. **Revista de Administração Pública**, Rio de Janeiro, v. 46, n. 5, p. 1271-1294, set./out. 2012. Disponível em: <http://bibliotecadigital.fgv.br/ojs/index.php/rap/article/view/7140>. Acesso em: 25 jun. 2019.

RIPSA – Rede Interagencial de Informação para a Saúde. **Indicadores básicos para a saúde no Brasil**: conceitos e aplicações. 2. ed. Brasília: Organização Pan-Americana da Saúde, 2008. Disponível em: <http://bvsms.saude.gov.br/bvs/publicacoes/indicadores_basicos_saude_brasil_2ed.pdf>. Acesso em: 25 jun. 2019.

RODRIGUES, L. C. Propostas para uma avaliação em profundidade de políticas públicas sociais. **Revista Avaliação de Políticas Públicas**, v. 1, n. 1, 2008. Disponível em: <http://repositorio.ufc.br/bitstream/riufc/22510/1/2008_art_lcrodrigues.pdf>. Acesso em: 25 jun. 2019.

RUA, M. das G. Curso Monitoramento e Avaliação de Políticas Públicas e Programas Governamentais. Fundação Luis Carlos Magalhães. Governo do Estado da Bahia, 8-12 set. 2014.

SANO, H.; MONTENEGRO FILHO, M. J. F. As técnicas de avaliação da eficiência, eficácia e efetividade na gestão pública e sua relevância para o desenvolvimento social e das ações públicas. **Desenvolvimento em Questão**, v. 11, n. 22, p. 35-61, 2013. Disponível em: <http://www.redalyc.org/pdf/752/75225787003.pdf>. Acesso em: 25 jun. 2019.

SARAVIA, E. Política pública: dos clássicos às modernas abordagens. In: SARAVIA, E.; FERRAREZI, E. (Org.). **Políticas públicas**: coletânea. Brasília: Enap, 2006. p. 13-66.

SATYRO, N. G. D.; CUNHA, E. S. M. A entrada da Política de Assistência Social na agenda decisória brasileira: o papel das leis e o papel do presidente. In: ENCONTRO ANUAL DA ANPOCS, GT029 POLÍTICAS PÚBLICAS, 35., 2011. Disponível em: <http://portal.anpocs.org/portal/index.php?option=com_docman&task=doc_view&gid=1173&Itemid=353>. Acesso em: 23 mar. 2018.

SAUL, A. M. Avaliação participante: uma abordagem crítico-transformadora. In: RICO, E. M. (Org.). **Avaliação de políticas sociais**: uma questão em debate. São Paulo: Cortez/Instituto de Estudos Especiais, 1998. p. 95-109.

SCANDAR NETO, W. J.; JANNUZZI, P. de M.; SILVA, P. L. do N. Sistemas de Indicadores ou Indicadores Sintéticos: do que precisam os gestores de programas sociais? In: ENCONTRO NACIONAL DE ESTUDOS POPULACIONAIS, 16, 2008, Caxambu. Disponível em: <http://www.abep.org.br/publicacoes/index.php/anais/article/view/1875>. Acesso em: 25 jun. 2019.

SCHOR, A.; AFONSO, L. E. **Avaliação econômica de projetos sociais**. 2. ed. Fundação Itaú Social, 2007.

SILVA, P. L. B.; COSTA, N. do R. **A avaliação de programas públicos**: reflexões sobre a experiência brasileira. Relatório técnico. Brasília: Ipea, 2002. Disponível em: <http://repositorio.ipea.gov.br/handle/11058/3040>. Acesso em: 25 jun. 2019.

SIMÕES, A. A. Avaliação de Programas e Políticas Públicas. Programa de Aperfeiçoamento para Carreiras. Escola Nacional de Administração Pública, 24-26 mar. 2015.

SOARES, L. H. et al. Estudos quali-quantitativos sobre o Programa de Atenção Integral à Família. In: TAPAJÓS, L.; QUIROGA, J.

Cadernos de Estudos: Desenvolvimento Social em Debate, Brasília, n. 13, p. 84-90, 2010. Disponível em: <http://acervodigital.mds.gov.br/xmlui/handle/123456789/199>. Acesso em: 25 jun. 2019.

SOLIGO, V. Indicadores: conceito e complexidade do mensurar em estudos de fenômenos sociais. **Revista Estudos em Avaliação Educacional**, São Paulo, v. 23, n. 52, p. 12-25, 2012. Disponível: <http://www.fcc.org.br/pesquisa/publicacoes/eae/arquivos/1724/1724.pdf>. Acesso em: 25 jun. 2019.

SOUZA, A. de M. e. A relevância dos indicadores educacionais para educação básica: informação e decisões. **Revista Meta**: Avaliação, Rio de Janeiro, v. 2, n. 5, p. 153-179, 2010. Disponível em: <http://revistas.cesgranrio.org.br/index.php/metaavaliacao/article/view/78/93>. Acesso em: 25 jun. 2019.

SUBIRATS, J. Definición del problema. Relevancia pública y formación de la agenda de actuación de los poderes públicos. In: SARAVIA, E.; FERRAREZI, E. (Org.). **Políticas públicas**: coletânea. Brasília: Enap, 2006. p. 199-248. v. 1.

TAMAKI, E. M. et al. Metodologia de construção de um painel de indicadores para o monitoramento e a avaliação da gestão do SUS. **Ciência e Saúde Coletiva**, v. 17, n. 4, p. 839-849, 2012. Disponível em: <http://www.scielo.br/pdf/csc/v17n4/v17n4a07.pdf>. Acesso em: 25 jun. 2019.

TREVISAN, A. P.; VAN BELLEN, H. M. Avaliação de políticas públicas: uma revisão teórica de um campo em construção. **Revista de Administração Pública**, Rio de Janeiro, v. 42, n. 3, p. 529-555, maio/jun. 2008. Disponível em: <http://www.scielo.br/pdf/rap/v42n3/a05v42n3.pdf>. Acesso em: 25 jun. 2019.

UNICAMP – Universidade Estadual de Campinas. **Modelos de avaliação de programas sociais prioritários**. Relatório Final. Campinas: Núcleo de Estudos de Políticas Públicas (NEPP), 1999.

VASCONCELOS, A. M. de. Relação teoria/prática: o processo de assessoria/consultoria e o Serviço Social. **Revista Serviço Social Sociedade**, São Paulo, n. 56, 1998. Disponível em: <http://www.ts.ucr.ac.cr/binarios/congresos/reg/slets/slets-016-071.pdf>. Acesso em: 25 jun. 2019.

Respostas

Capítulo 1

Questões para revisão

1. Entre as semelhanças, é possível citar que ambos os conceitos estão associados ao ato de auxiliar, ajudar e orientar. Além disso, nos dois casos, trata-se de o profissional prestar um serviço independente, identificando e investigando problemas e indicando estratégias mais adequadas para solucionar problemas, evitar e mitigar riscos. Ambas as atuações devem acontecer da forma mais imparcial possível, auxiliando o processo de decisão das equipes contratantes. Com relação às diferenças, podemos afirmar que a assessoria vincula-se à assistência teórica e técnica de atuação mais abrangente na estrutura organizacional, como um processo mais complexo e demorado. Já a consultoria relaciona-se a propor respostas a questões objetivas do processo de

trabalho, oferecendo um parecer sobre uma temática específica, portanto, é mais pontual.

2. As demandas para profissionais que atuam como consultores ou assessores na área social podem estar associadas desde a realização de diagnósticos e análises situacionais ou, ainda, tratar da sua elaboração e estruturação de monitoramento, passando pela orientação com relação a dificuldades encontradas na execução, até a realização de processos de avaliação dos programas e efetivação de estudos para identificar novas demandas de intervenção social. De acordo com Cohen e Franco (1993), há cinco possibilidades de atuação junto a políticas públicas: proporcionar auxílio a fim de aumentar a eficiência da utilização de recursos; ajudar na análise dos serviços prestados; propor atividades para melhorar o conhecimento técnico dos profissionais que estão na atuação, elaboração, execução ou análise de processos avaliativos; construir processos de gestão única dos programas sociais; e descentralizar serviços para que sejam evitadas fragmentações setoriais e acessíveis aos beneficiários.

3. d

4. c

5. a

Questão para reflexão

Considerando que os objetivos dos processos de assessoria e consultoria na área administrativa são diferentes dos propósitos dessa atuação na área social, quais aspectos da atuação em assessoria e consultoria precisam ser repensados no que se refere à sua atuação na área social?

O surgimento da atuação em assessoria e consultoria nas mais diversas áreas aconteceu, principalmente, em decorrência da necessidade de reestruturação das organizações diante das novas demandas produtivas, pois estas estavam relacionadas às mais diversas atribuições, que, de maneira geral, buscavam o aumento dos resultados. Porém, diferentemente das áreas de administração e economia, a área social tem como características o questionamento e a busca por promoção de direitos. Dessa forma, é necessário repensar sobre que tipo de solicitação está sendo feita ao assessor e consultor, por exemplo, quando é solicitada a implantação ou a análise de um programa que não busque a promoção de direitos ou que vise apenas cumprir protocolos e formalização de legislações. Além disso, o trabalho do consultor e do assessor não pode confundir-se com terceirização e precarização dos serviços prestados, mas deve promover, a partir do amplo conhecimento do profissional, novas estratégias de atuação para os envolvidos na instituição.

Capítulo 2

Questões para revisão

1. É possível identificar cinco etapas inter-relacionadas e interdependentes: percepção e definição de problemas, no qual os temas sociais apresentam relevância social e política, identificando-se a possibilidade de intervenção para tentar melhorar tal panorama; definição da área que será realizada uma intervenção, etapa chamada de *agenda setting*; elaboração de programas e tomada de decisão, ou seja, o momento de formulação do programa, em que serão planejadas e desenhadas possíveis soluções para os gestores e para que eles possam decidir pela mais adequada, técnica e politicamente; implementação do programa, quando sua execução será iniciada; e avaliação de políticas, que consiste na verificação dos resultados atingidos, seus efeitos e sua efetividade.

2. A avaliação está relacionada ao processo de verificação de causa e efeito do programa, a fim de analisar impactos, e é realizada depois da implementação. Já o monitoramento tem caráter mais processual, sendo realizado durante o processo de implementação, portanto, é contínuo e propõe-se a intervir pontualmente em condições operacionais, como dificuldades e interferências nas ações, na correção de algum ponto, de modo que se alcancem os

resultados mediante recomendações de ajustes no plano. A avaliação e o monitoramento são processos articulados e complementares e oferecem subsídios quanto à política, ao programa e ao projeto que estão sendo analisados.

3. d

4. b

5. a

Questão para reflexão

Quais as divergências nas políticas, nos programas e nos projetos entre as fases de formulação e de sua implementação?

O momento da formulação de programas envolve vontades, interesses e concepções ideológicas de diferentes agentes políticos, em especial daqueles que tomam decisões. Já o momento de implementação inclui atores de operação, que dificilmente fizeram parte do momento anterior. Assim, nem sempre o desenho final proposto na formulação representará todos os aspectos sobre a realidade, nem o mais adequado. Além disso, não é possível prever todos os aspectos de dificuldade desse processo, só a partir da implementação será possível observar quais aspectos do desenho podem ser melhorados, reformulados ou retirados.

Capítulo 3

Questões para revisão

1. Os indicadores podem ser definidos como "medidas" que vão mensurar algum aspecto da realidade social, com o objetivo de compreender, explicar, intervir ou dialogar sobre o programa avaliado. Com base na análise dos indicadores no ciclo de políticas, é possível tomar decisões quanto ao planejamento, à formulação e à reformulação de políticas.

2. É possível citar as seguintes propriedades: validade, confiabilidade, simplicidade, relevância social, sensibilidade e especificidade, inteligibilidade, grau de cobertura, periodicidade e factibilidade,

historicidade e desagregabilidade. Na prática, é raro que os indicadores sociais apresentem plenamente todas essas propriedades, porém, é importante que, não podendo garantir todas elas, preservem-se as que são essenciais para o propósito visado pelo indicador.

3. d
4. b
5. a

Questão para reflexão

Relacione o modo Como o aumento da visibilidade de inúmeras questões sociais e a disponibilização de indicadores na mídia influencia o ciclo de políticas?

A divulgação de indicadores e a visibilidade de questões sociais permitem que a própria sociedade civil solicite providências ao Poder Público, para que sejam implementados políticas e programas efetivos. O reconhecimento de problemas sociais pode ser resultante de como a sociedade entende os indicadores que são divulgados sobre diversas temáticas. Da mesma forma, os gestores de políticas e programas devem utilizar tais informações para propor novas ações e sistematizá-las, de modo que haja um processo de monitoramento dos programas. Assim, a divulgação de indicadores pelas diversas fontes deve propor momentos de reflexão sobre as ações e possibilitar o redimensionamento dos diversos programas ou a formulação de novos.

Capítulo 4

Questões para revisão

1. Ao estruturar um sistema de monitoramento, deve-se levar em conta as informações que são mais relevantes para monitorar os processos-chave, seus produtos e os resultados do programa. Essas informações podem ser da própria base de dados do programa ou utilizar outras fontes, porém, devem demonstrar como

está sendo realizada a execução desse programa. Outro aspecto relevante são os indicadores, pois estes operacionalizam de forma objetiva conceitos abstratos, mensuram processos e etapas de trabalho que poderão ser observados periodicamente e que permitem um retrato da situação geral do programa.

2. O monitoramento gerencial está relacionado ao cumprimento de metas e ao desenvolvimento de processos, produtos e resultados. Já o monitoramento analítico tem como foco compreender as relações de associação e causalidade entre atividades e produtos, produtos e resultados, e resultados e impactos potenciais do programa durante sua execução. Já o monitoramento estratégico integra tanto as funções de monitoramento gerencial quanto as de analítico, sendo utilizado em gestão de políticas e em planos de governo mais amplos, de grande abrangência territorial e de resultados com alta repercussão.

3. a

4. c

5. e

Questão para reflexão

Esses métodos e técnicas são aplicáveis a todos os graus de abrangência de intervenção: políticas, programas e projetos?

O processo avaliativo no ciclo de políticas é válido para qualquer um dos graus de abrangência de intervenção, seja no nível mais amplo, teórico e gestor que propõe a política, seja nos níveis mais operacionais, como programas e projetos. Porém, quanto maior o nível de abrangência, maior será a complexidade de análise. Além disso, é necessário considerar que os métodos e as técnicas apresentados no capítulo propõem estratégias de monitoramento, o qual está preocupado em medir os indicadores relacionados ao funcionamento do processo. Dessa forma, nem todos os métodos apresentados serão efetivos para todos os níveis de complexidade. Ao pensar em programas e projetos que têm delimitações estratégicas, com desenhos bem definidos, é muito mais coerente propor estratégias de monitoramento, como o modelo lógico. Já quando pensamos na política, esta nem sempre apresenta ações, produtos e recursos tão bem demarcados, visto que seu objetivo está em estabelecer diretrizes.

Capítulo 5

Questões para revisão

1. Há três tipos de avaliação relacionados à procedência do avaliador: avaliação externa, interna e mista. No primeiro tipo, os avaliadores são pessoas que não pertencem à instituição que executa o programa em avaliação. Suas principais vantagens são: qualificação dos profissionais, maior isenção do avaliador diante do programa e objetividade no processo. Como desvantagem, citamos a dificuldade em compreender os fatores que afetam a avaliação do programa, podendo gerar descompasso entre as necessidades do gestor e do avaliador. A avaliação interna é realizada por pessoas que pertencem à instituição que executa o programa. Suas vantagens são a familiaridade dessas pessoas com o programa e com as bases de dados existentes, menor resistência em casos de novas demandas e flexibilidade em adaptar o curso da avaliação. As principais desvantagens nesse tipo de avaliação são decorrentes do envolvimento dos avaliadores com o programa, como menor imparcialidade e objetividade, visto que também são parte interessada no processo. Por fim, a proposta do terceiro tipo de avaliação é minimizar as desvantagens e potencializar as vantagens, tanto da avaliação interna quanto da externa, sugerindo uma combinação de atividades entre agentes internos e externos.

2. A avaliação de impacto propõe mensurar quais foram os impactos da mudança social causados pelo programa. Ela estrutura sua análise em uma relação lógico-causal do efeito do programa sobre uma mudança social esperada, por isso, precisa demonstrar que o efeito causado, de fato, derivou do programa, e não de características gerais da sociedade. As análises realizadas são complexas

e abrangentes, exigem conhecimento de métodos e técnicas estatísticos e pesquisas de campo bem executadas, visto que contam com um escopo de atuação bastante amplo e precisam usar amostras populacionais representativas e comparativas.

3. c

4. a

5. d

Questão para reflexão

Qual a relação da avaliação de necessidades, analisada no Capítulo 2, com a avaliação do tipo *ex ante*?

A avaliação de necessidades é uma modalidade relacionada ao processo decisório de uma intervenção, que tem como objetivo dimensionar e caracterizar a problemática social em se tratando da viabilidade econômico-financeira, política, institucional, bem como de suas vantagens, pertinência, viabilidade, riscos, limitações, entre outros aspectos, auxiliando na escolha da melhor alternativa estratégica para a formulação do programa. A avaliação *ex ante* tem como característica principal ser a linha de base sobre a realidade que está prestes a sofrer interferência quando o programa proposto for implementado, é uma análise situacional anterior que serve como parâmetro para outras fases da avaliação. Dessa forma, quando a avaliação de necessidades é estruturada e bem planejada, ela poderá subsidiar tanto o processo de tomada de decisão sobre o que se tornará objeto de estudo quanto poderá servir como linha de base para estudos avaliativos. Para tanto, deve ser realizada com base em metodologias científicas adequadas, de modo que seja possível utilizar os dados para avaliar resultados e impactos.

Capítulo 6

Questões para revisão

1. Anteriormente à elaboração de um planejamento e à execução da pesquisa avaliativa, é imprescindível um contato preliminar com a equipe que está solicitando o processo avaliativo, a fim identificar a viabilidade de sua execução, o momento em que serão levantados os dados referentes ao contexto do programa, os objetivos da pesquisa avaliativa, a disponibilidade de informações, recursos (humanos, financeiros, infraestrutura, entre outros) e o tempo para execução do processo avaliativo, a fase do ciclo de políticas em que o programa se encontra e os aspectos relacionados a capacidades técnicas e metodológicas da equipe de avaliação.

2. A elaboração de um plano de pesquisa avaliativa deve delinear a operacionalização do processo avaliativo. A descrição lógica do programa definirá seu funcionamento como um todo: atividades, ações, objetivos, profissionais envolvidos, contexto, recursos, entre outros fatores. A delimitação do objetivo e o foco do programa delimitarão a finalidade da pesquisa, especificando que tipo de processo avaliativo será realizado e os componentes que serão avaliados. O desenho metodológico deve apresentar aspectos relacionados a **onde**, **por quê**, **quem** e **como** será realizado o processo avaliativo, ou seja, descreverá o contexto territorial, os sujeitos que farão parte da pesquisa, as perguntas que a pesquisa responderá, os métodos e as técnicas utilizadas e os profissionais envolvidos nesse processo. E o cronograma físico-financeiro explicitará o período necessário para realizar cada atividade do processo avaliativo e detalhar os custos previstos para sua execução.

3. c

4. e

5. a

Questão para reflexão

Tendo em vista os aspectos preliminares da pesquisa avaliativa, em quais situações não seria apropriado realizar o processo avaliativo?

Os aspectos preliminares possibilitam condições mínimas para a execução da pesquisa avaliativa, envolvendo diversos aspectos relacionados ao contexto do programa. Em algumas situações, a pesquisa avaliativa pode não ser recomendável, como nos exemplos a seguir:

- Não existência de condições mínimas de contexto, como ausência de recursos adequados, falta de cooperação da equipe, pouco tempo para coletar informações, entre outros aspectos que podem proporcionar resultados errôneos sobre a realidade.
- Quando os tomadores de decisão ou gestores já têm uma postura definida e rígida, a utilização dos resultados para processos de mudança é dificultada, a não ser para corroborar sua posição, o que faz o processo avaliativo ter valor duvidoso, pois não há disposição para utilizar os dados.
- É preciso tomar cuidado para que o processo avaliativo seja coerente com o estágio em que o programa se encontra de acordo com o ciclo de políticas. A execução de uma modalidade avaliativa inadequada pode deslegitimar todo o programa.

Sobre a autora

Anne Voss é mestre em Psicologia Social Comunitária pela Universidade Tuiuti do Paraná (UTP), pós-graduada em Políticas Públicas com ênfase em Assistência Social pela Universidade Estadual de Ponta Grossa (UEPG) e graduada em Psicologia pela Universidade Positivo (UP). Atualmente, leciona disciplinas nas áreas de psicologia e de políticas públicas em cursos de graduação e pós-graduação nas modalidades presencial e a distância. Trabalha junto à Política de Assistência Social desde 2012, atuando em estâncias municipais, estadual e no terceiro setor.

Os papéis utilizados neste livro, certificados por instituições ambientais competentes, são recicláveis, provenientes de fontes renováveis e, portanto, um meio **respons**ável e natural de informação e conhecimento.

MISTO
Papel produzido a partir de fontes responsáveis
FSC® C103535

Impressão: Reproset
Fevereiro/2022